다윈가

플라톤가

지식인마을22

홉스 & 로크

국가를
계약하라

지식인마을 22 국가를 계약하라

홉스 & 로크

저자_ 문지영

1판 1쇄 발행_ 2007. 8. 29.
1판 9쇄 발행_ 2023. 8. 1.

발행처_ 김영사
발행인_ 고세규

등록번호_ 제406-2003-036호
등록일자_ 1979. 5. 17.

경기도 파주시 문발로 197(문발동) 우편번호 10881
마케팅부 031)955-3100, 편집부 031)955-3200, 팩시밀리 031)955-3111

값은 뒤표지에 있습니다.
ISBN 978-89-349-2595-8 04160
      978-89-349-2136-3 (세트)

홈페이지_ www.gimmyoung.com   블로그_ blog.naver.com/gybook
인스타그램_ instagram.com/gimmyoung   이메일_ bestbook@gimmyoung.com

좋은 독자가 좋은 책을 만듭니다.
김영사는 독자 여러분의 의견에 항상 귀 기울이고 있습니다.

지식인마을22

홉스 & 로크
Thomas Hobbes & John Locke

국가를 계약하라

문지영 지음

김영사

'개인의 발견'과 국가에 대한 딴생각

　나이가 들면서 절로 무릎을 탁 치게 만드는 옛 속담이나 격언들을 종종 만난다. '세월이 약이다'가 대표적으로 그랬다. 그런데 이 책을 쓰는 과정에서 새로운 강적을 만났다. '하던 짓도 멍석 깔면 안 한다'가 바로 그것이다.

　홉스와 로크의 정치사상은 제법 오랫동안 내 강의의 단골 메뉴였다. 또 나는 그들의 저작을 번역하기도 했으며, 그들에 관해 연구도 하고 글을 쓴 적도 있다. 누가 나를 빼놓고 그들에 대해 이야기하면 섭섭할 정도였다. 그러므로 내가 처음 「지식인마을」 기획에 대해 듣고 『홉스&로크』의 집필을 의뢰받았을 때 덥석 응한 것은 자연스러운 반응이었다. 그런데 날이 가고 달이 바뀌어도 단 한 줄을 쓰는 게 힘들었다. 복잡하고 어려운 홉스와 로크를 간단하고 쉽게 풀어내야 해서, 그들을 짧은 분량의 원고에 도저히 담아낼 수 없어서 등등 닥치는 대로 이유를 찾아내며 초조함을 달랬다.

　집필을 끝낸 지금 기쁜 마음과 함께 안타까운 생각이 든다. 내가 그들을 제대로 이해하고 있는 걸까, 난생 처음 홉스와 로크를 접하는 독자들이 이 책을 읽고 그들을 오해하게 되지는 않을까 하는 걱정 때문이다. 홉스와 로크는 '학제적interdisciplinary'인 사상가들이다. 전공 영역이 세분화되고 분과 학문의 경계가 엄격한 오늘날과는 달리, 그들의 시대에는 많은 학자들이 학제적 사상가였다. 홉스와 로크가 넘나들었던 영역을 대강만 소개하더라도 철학, 정치학, 윤리학, 신학, 고전학, 법학, 교육학, 수사학, 어학, 수학, 의학 등등 손가락이 모자랄 정도다. 그러므로 어떤 하나의 주제를 중심으로 그들의 사상에 접근하거나 한 측면에 초점을 맞추어 그들을 조명해서는 그들의 삶과 학문을 제대로 알기 어렵다. 그런데 이 책은 그들 사상의 극히 일부를 내가 소화한 수준에서 보여주고 있을 뿐이다.

이 책에서 나는 국가와 개인, 그리고 그 둘 간의 관계에 초점을 맞춰『홉스&로크』의 집을 지었다. '리바이어던' 대 '대의정부', '절대주권' 대 '천부인권'이라는 점에서 그들의 사상은 평행선을 달린다. 하지만 그들은 사회계약론과 인민주권사상이라는 공통분모를 갖기도 한다. 사회계약론자이며 인민주권론자였던 그들은 국가에 대한 개인의 우선성을 주장했다는 공통점도 갖는다. 그들 모두 개인주의를 지지하고 발전시킨 사상가들이었던 셈이다.

시대가 많이 변했지만, 국가보다 개인을 중시하고 개인을 국가에 앞세우는 입장은 오늘날에도 여러 가지 비판을 각오해야 한다. 이를테면 개인을 강조할 경우 민족이나 국가의 이익은 등한시한 채 이기적인 욕망과 사익을 추구하는 데만 급급한 인간을 양산하여 사회적 갈등과 혼란을 초래하고 결국 공동체의 붕괴를 가져오게 될 것이라는 등의 비판 말이다. 홉스와 로크 역시 당대 반대파들로부터는 물론 후대의 공동체주의자들로부터도 그와 유사한 숱한 비판을 받았다. 하지만 그들 사상의 출발점이 되는 이른바 '개인의 발견'은 역사적, 사상사적으로 상당히 중요한 의미를 지닌다.

우선 '개인의 발견'은 봉건적 신분질서가 소수의 특권층을 제외한 대다수 사회구성원들에게 억압적으로 작용하던 시기에 이루어졌고, 그 점만으로도 진보적 성격을 갖는다. 성(性)적, 계급적, 종교적, 인종적인 관계의 그물망으로부터 추상된 '개인'의 개념을 통해 비로소 모든 인간의 자유와 평등이 사고될 수 있었으며, 자유롭고 평등한 인간들의 공동체에 대한 생각이 발전할 수 있었다. 여기서 분명한 사실은 '개인의 발견'이 국가와 무관한 것이 아니라는 점이다. 즉 홉스와 로크가 자연상태의 '개인'을 말했을 때, 그들은 국가의 무용성을 피력하려 했던 것도 무정부주의를 주장하려 했던 것도 아니었다. 자연상태의 '개인'은 사회계약의 행위자로서 의미가 있는 것이었고, 사회계약과 관련해서 중요했다. 동의와 계약에 의한 국가를 정당화하려는 목적이 아니었다면 그들이 자연상태의 '개인'에 대해 굳이 이야기할 필요도 없었을 것이다.

따라서 홉스나 로크가 국가에 대한 개인의 우선성을 주장한 것이 국가의 약화나 붕괴를 의도한 것이라는 식의 비판은 적절하지 않다. 게다가 개인이 국가에 앞선다는 그들의 생각을 단순히 닭이 먼저냐 달걀이 먼저냐 하는 문제로 접근하여 이해하는 것도 곤란하다. 개인의 우선성에 대한 그들의 주장은 국가의 존재 이유와 목적에 대한 새로운 생각을 가능하게 하는 것이었다. 나아가 그것은 계급적 신분질서가 아니라 자유롭고 평등한 관계로 공동체질서의 재편이 이루어질 수 있는 계기를 마련했다.

인종이나 국적, 종교, 계급, 성의 차이에도 불구하고 단지 인간이라는 이유로 모든 개인은 존엄하며, 어떠한 국가라도 개인의 존엄성을 보장해주어야 한다는 믿음이야말로 오늘날 세계 도처에서 발생하는 갈등과 폭력의 문제를 해결하고 인류 평화를 확보할 수 있는 밑거름이 아닐까 생각해본다. 그것이 하필 국가와 개인 그리고 그 둘 간의 관계에 초점을 맞춰 홉스와 로크의 사상을 조명하기로 한 나름의 이유이다. 성공에 대한 확신은 없지만.

　나보다 훨씬 더 나를 믿어주는 남편 강철웅 박사와 든든한 친구로 커준 딸 예은이, 바쁜 엄마를 잘 이해해주는 아들 의준이가 이번에도 큰 힘이 되어주었다. 그들과 가족의 인연으로 살게 하신 하느님께 감사드리지 않을 수 없다. 또한 물심양면으로 지원을 아끼지 않으시는 양가 부모님과 형제들께도 감사의 인사를 드린다. 대한민국에 「지식인마을」이 자꾸 건설되고 점차 확산되어 따뜻한 교양인, 열린 지성인들로 서로 만나는 기쁨을 많은 이들과 함께 누리게 되기를 바란다.

「지식인마을」시리즈는…

「지식인마을」은 인문·사회·과학 분야에서 뛰어난 업적을 남긴 동
서양 대표 지식인 100인의 사상을 독창적으로 엮은 통합적 지식교
양서이다. 100명의 지식인이 한 마을에 살고 있다는 가정하에 동서
고금을 가로지르는 지식인들의 대립·계승·영향 관계를 일목요연하
게 볼 수 있도록 구성했으며, 분야별·시대별로 4개의 거리(street)를
구성하여 해당 분야에 대한 지식의 지평을 넓히는 데 도움이 되도록
했다.

「지식인마을」의 거리

플라톤가 플라톤, 공자, 뒤르켐, 프로이트같이 모든 지식의 뿌리가
되는 대사상가들의 거리이다.

다윈가 고대 자연철학자들과 근대 생물학자들의 거리로, 모든 과학
사상이 시작된 곳이다.

촘스키가 촘스키, 벤야민, 하이데거, 푸코 등 현대사회를 살아가는
인간에 대한 새로운 시각을 제시한 지식인의 거리이다.

아인슈타인가 아인슈타인, 에디슨, 쿤, 포퍼 등 21세기를 과학의 세
대로 만든 이들의 거리이다.

이 책의 구성은

「지식인마을」시리즈의 각 권은 인류 지성사를 이끌었던 위대한 질
문을 중심으로 서로 대립하거나 영향을 미친 두 명의 지식인이 주인

공으로 등장한다. 그리고 다음과 같은 구성 아래 그들의 치열한 논쟁을 폭넓고 깊이 있게 다룸으로써 더 많은 지식의 네트워크를 보여주고 있다.

초대 각 권마다 등장하는 두 명이 주인공이 보내는 초대장. 두 지식인의 사상적 배경과 책의 핵심 논제가 제시된다.

만남 독자들을 더욱 깊은 지식의 세계로 이끌고 갈 만남의 장. 두 주인공의 사상과 업적이 어떻게 이루어졌으며, 그들이 진정 하고 싶었던 말은 무엇이었는지 알아본다.

대화 시공을 초월한 지식인들의 가상대화. 사마천과 노자, 장자가 직접 인터뷰를 하고 부르디외와 함께 시위 현장에 나가기도 하면서, 치열한 고민의 과정을 직접 들어본다.

이슈 과거 지식인의 문제의식은 곧 현재의 이슈. 과거의 지식이 현재의 문제를 해결하는 데 어떻게 적용될 수 있는지 살펴본다.

이 시리즈에서 저자들이 펼쳐놓은 지식의 지형도는 대략적일 뿐이다. 「지식인마을」에서 위대한 지식인들을 만나, 그들과 대화하고, 오늘의 이슈에 대해 토론하며 새로운 지식의 지형도를 그려나가기를 바란다.

지식인마을 책임기획 장대익
서울대학교 자유전공학부 교수

Contents 이 책의 내용

Thomas Hobbes

 초대

INVITATION

국가는 개인을 억압하는 권력집단으로 인식되어 개인과 갈등을 빚기도 하지만
각 구성원들을 이어주는 큰 틀이라는 면에서 이 둘은 반드시 충돌하는 것은 아니다.
그렇다면 개인과 국가는 과연 어떤 관계일까?
그리고 우리가 외치는 '대한민국'은 우리에게 어떤 의미일까?

John Locke

국가와 개인,
가깝고도 먼 사이

**라이언 일병과
이진태의 국가**

한국 영화사에서 역대 두 번째로 관객 천만 시대를
연 기념비적 작품 「태극기 휘날리며」(2004)와 할
리우드 최고의 흥행사 스필버그에게 두 번째 감독
상을 안긴 영화 「라이언 일병 구하기^{Saving Private Ryan}」(1998)는 묘
한 공통점과 차이점을 가지고 있다. 우선 반휴머니즘의 극치라
할 전장을 배경으로 휴머니즘의 가치와 의미를 되새기게 하는
주제라든지, 형 혹은 전우들이 사투 끝에 각각 이진석 일병과 라
이언 일병을 구해내는 이야기 구조 면에서 흡사하다. 6·25 전쟁
과 2차 세계대전의 기원과 목적, 성격 등이 갖는 차이를 깜빡 잊
게 만들 정도로 전투 장면에 대한 묘사나 '그들'과 '우리'를 나누
는 시각도 유사하다.

하지만 이 두 작품이 은연중에, 때로는 공공연히 던지는 메시
지를 조금 깊이 음미하다 보면 미묘한 함축을 갖는 차이점을 발

▲ 전장을 배경으로 한 두 영화 「태극기 휘날리며」와 「라이언 일병 구하기」는 개인과
국가의 관계에 대한 시사점을 던져준다.

견할 수 있다. 우선 「라이언 일병 구하기」에서 사건의 발단은 '국
가'의 결정과 긴밀히 관련되어 있다. 1944년 6월, 2차 세계대전
이 막바지에 이르렀을 때 미국 정부는 매우 특별한 결정을 내린
다. 전사자 통보 업무를 진행하던 부서에서 라이언 가의 네 형제
가운데 셋이 전사했으며, 막내 제임스 라이언 일병은 현재 프랑
스 전선에 투입되어 있음을 알려왔기 때문이다. 정부는 네 명의
아들 중 이미 셋을 잃은 라이언 부인을 위해 막내 제임스를 귀가
조치하기로 결정하고, 밀러 대위의 부대에 '라이언 일병 구하기'
작전을 하달한다. 즉 이 작전은 국가에 의해 결정되었으며, 그 배
경에는 개인 혹은 가족의 가치에 대한 국가의 인정과 배려가 자
리하고 있다. 이 영화에서 국가와 개인 혹은 가족 간에 어떤 날카
로운 대립이나 갈등은 없으며, 가족애와 애국심은 충돌의 조짐을
보이지 않는다.

　밀러의 부대원들은 힘든 작전을 수행하는 동안, 부대원 여덟

명의 목숨을 합친 것보다 라이언 일병 한 사람의 목숨이 더 귀한가에 대한 자조와 회의에 빠지기도 하지만, 결국 임무를 완수해낸다. 상명하복을 철칙으로 하는 군인으로서 국가의 명령에 따르지 않을 수 없었기 때문만은 아니다. 만일 '라이언 일병 구하기' 작전이 그저 상부의 명령이라는 이유만으로 따라야 하는 것이었다면, 대다수 관객들의 경우 영화의 이야기 구조를 납득하거나 감동받기 어려웠을 것이다. 관객들이 밀러를 비롯한 부대원들의 처참한 희생을 보면서도 '라이언 일병 구하기' 작전의 스토리에 상당 부분 설득되는 이유 가운데 하나는 개인에게 목숨을 건 희생을 요구하는 국가의 정당성에 있다. 참전을 국민의 의무로서 요구하고 심지어 죽기를 명령하기도 하지만, 궁극적으로 그 존재 목적이 국민의 생명 보호와 권리 보장에 있고 국민에 의한, 국민의 정부로서 작동할 때, 국가의 부름이나 명령은 구성원 개인이 따르지 않을 수 없는 정당한 힘을 갖는다. 국가의 실제 성격과 상관없이 「라이언 일병 구하기」에서 미국은 전쟁이라는 극한 상황 속에서도 라이언 부인의 개인적 아픔을 헤아리고 가족의 보전을 중시하는 국가다. 그래서 국가의 명령은 개인의 자발적 복종을 이끌어낼 수 있고, 미국식 애국주의는 가족주의의 확장된 형태로 발현된다.

이에 반해 「태극기 휘날리며」에서 '이진석 일병 구하기'는 형 이진태의 개인적이고 일방적인 결정이다. 그의 동생 구하기 작전은 국가와 무관하게 혹은 국가와 대립된 형태로 이루어진다. 영화에서 국가는 이진태 개인 및 그 가족과 철저히 대립하고, 더 나아가 이진태의 형제애를 이용하며 농락한다. 무공훈장을 받으면 동생을 제대시켜주겠다는 대대장의 말에 이진태는 총탄이 빗발치는 전장을 헤집으며 혁혁한 공을 세운다. 하지만 막상 태극무공훈장을 받은 이진태가 약속대로 동생의 제대를 요구하자 대대장은 일언지하에 거절한다. 이유는 간단하다. 무공훈장까지 받은 전쟁 영웅의 동생이 제대했다는 소문이 나면 군의 사기와 국가를 위해서 좋지 않다는 것이다. 개인 앞에 군림하는 국가, 가족의 가치에 무심한 국가와 이진태의 팽팽한 갈등은 결국 동생의 석방을 거절하는 대대장에게 총격을 가하는 상황으로 폭발한다. 동생이 창고에 갇힌 채 죽었다고 믿게 되었을 때 이진태가 보인 다음 행보는 지극히 자연스럽다. 그는 이제 인민군의 영웅으로 대한민국과 맞선다. 그에게 국가는 단순히 복종의 대상이 아닐 뿐만 아니라 복수의 대상이다. 가족을 파괴하고 형제애를 유린하는 국가는 더 이상 개인에게 목숨을 건 희생을 요구할 어떠한 정당성도 갖지 않는다. 이진태의 입장에서 영화를 보는 관객들로서는 국가에 대한 그의 분노가 충분히 설득력을 갖는다. 따라서 그가 인민군복을 입고 국방군과 뒤엉키는 전투 장면은 이적利敵·용공容共 혹은 매국賣國 행위로 관객들에게 반감을 사기보다 동족상잔同族相殘의 아픔, 눈물겨운 형제애의 상징으로 가슴 뭉클한 감동을 선사하는 것이다.

「태극기 휘날리며」에서 묘사되는 국가와 개인, 대한민국과 이진태의 대립은 많은 생각을 하게 한다. 이 영화에서 가족애는 애국심과 무관하거나 심지어 그것과 갈등한다. 영화의 전반부부터 이진태는, "포고령! 작금의 국가적 위기 사태에 처하여 1950년 7월 18일부로 만 18세 이상 30세 이하 장정들을 국가 비상 동원

령에 의거, 전원 현역 소집한다"고 나선 모병관에게 맞서 몽둥이로 매를 맞으면서도 동생에게 군복을 입지 말라고 소리쳤다. 전쟁 초반에 그는 동생과 탈영할 궁리만 했고, 전쟁 영웅이 된 후에도 자신이 죽을힘을 다해 싸운 것은 군의 사기를 위해서는 물론 국가를 위해서도 아니었다고 대대장에게 항변했다. 아니, 더 정확하게 그는 "국가 따윈 애초부터 안중에도 없었다"고 말했다. 그에게 중요하고 가치 있는 건 가족과 동생 이진석을 통해 보장될 가족의 행복한 미래였다. 하지만 「라이언 일병 구하기」의 예에서 보았듯이, 가족 및 가족애가 그 자체로 반드시 국가 및 애국심과 충돌하는 것은 아니다. 더욱이 이진태가 바라는 가족의 행복한 미래는 진석이 출세하여 중산층의 삶에 진입하는, 지극히 자본주의적인 것이라는 점에서 대한민국 국가와 군이 갈등을 빚어야 할 이유가 없다. 그렇다면 왜 이 영화에서 이진태는 국가와 대립하고, 가족애와 애국심은 충돌하지 않을 수 없는 걸까? 무엇이, 어디서부터 잘못된 것일까?

대~한민국! 대한민국?

2002년 6월이 그랬듯이, 2006년 6월에도 나라 전체가 붉은 열기에 휩싸였다. "오! 필승 꼬레아~"에서 "동해물과 백두산이~"에 이르는 응원가 사이사이 "대~한민국!"을 외치는 함성은 한껏 고조된 붉은 열기를 돋우는 기름과도 같았다. 이제는 '대한민국'이라고 딱딱하게 발음하는 것이 어색할 정도다. 그런데 「태극기 휘날리며」에 관

해 이런저런 생각을 하다 보니 문득 궁금증이 생겼다. 그때 그 많은 사람들은 "대~한민국!"을 함께 연호하면서 모두 같은 생각을 했을까? 그들에게 '대한민국'은 동일한 의미였을까? 도대체 우리에게 '대한민국'은 어떤 의미일까?

직접 그라운드에서 뛰는 선수들이나 그들을 지켜보는 관중들 모두 "대한민국 국민으로 태어난 것이 자랑스럽다"고 감격에 차서 외치도록 하는 그 국가 대한민국은, 다른 한편으로 불만과 지탄, 저항의 대상이기도 하다. 국가는 종종 대통령이나 청와대, 국회, 헌법재판소 등 구체적인 권력집단 혹은 장치로 인식되며, 이럴 경우 그것은 대개 국민 개인을 억압하고 우롱하는 힘으로 이해된다. 비단 독재국가에서만 국가 권력과 개인이 대립하는 것은 아니다. 민주주의 체제하에서도 국가는 개인의 권리와 인간으로서의 존엄성에 대한 잠재적 위협이다. 그래서 국가 권력을 감시하고 견제하는 장치로 권력분립과 법치주의를 엄격하게 적용하는 것이다. 민주화 이후에도 각종 선거에서 보이는 낮은 참여율, 새만금 사업이나 방사성 폐기물 처리 시설 등 국가적 정책 사안을 둘러싼 분열과 혼란, 교육 및 주택 정책이나 성매매특별법 시행, 미군기지 이전 조치 등에 대해 제기되는 반발과 저항은 국가와 개인(들) 간에 존재하는 먼 거리와 갈등의 폭을 짐작케 한다. 요컨대 '대한민국'은 우리 모두를 하나로 묶는 물리적 공간이자 추상적 이념이지만, 다른 한편 서로 다른 정치적 입장과 사회·경제적 지위, 문화적 지향 속에서 상이하게 경험되고 다양한 모습으로 이해된다. 그리하여 동시에 옹호의 대상도 혹은 반발의 대상도 되는 존재인 것이다. 그렇다면 월드컵 기간 외에는

"대~한민국!"을 함께 연호하며 국민 모두가 하나 됨을 느낄 수 없는 것일까? 그렇다면 우리에게 '대한민국'은 무엇인가?

이쯤에서 다시 「태극기 휘날리며」 이야기로 돌아가보자. 이진 태에게 국가는 애초에 "안중에도 없는" 대상이었다가 점차 저항과 복수의 대상이 된다. 그에게 국가는 부당하게 개인의 희생을 요구하고 가족의 붕괴를 초래하는 폭력적 힘이다. 국가와 이진 태 사이의 이러한 팽팽한 긴장은 어디에서 연유하는 것일까? 왜 그에게서는 '가족'에 대한 사랑이 '조국'에 대한 사랑으로 자연스럽게 확장되어 나타나지 않았을까? 우선 생각해볼 수 있는 것은 이 영화가 6·25 전쟁의 의미나 성격에 대해 아무런 설명도 제시하지 않는다는 점이다. 영화 속에서 6·25 전쟁은 '적'과의 물리적, 파괴적 충돌이라는 점에서 그저 '전쟁'일 뿐이다. 굳이 역사적으로 발생한 실제 전쟁이 아니라 허구적으로 만들어낸 가상의 전쟁으로 대체해도 영화의 이야기를 풀어나가는 데는 전혀 어려움이 없을 정도다. 이진태가 꿈꾸는 행복한 미래는 북한의 공산주의 체제보다 남한의 자유민주주의 체제와 친화성을 갖는 것이므로 이진태 자신이나 그의 가족을 위해서도 전쟁에 동원되는 것은 설득력을 지닌다. 그런데 정작 영화에서 국가는 국민들을 향한 설득과 정당화의 과정을 생략한 채, 국민들의 동의와 무관하게 전쟁 수행을 위한 결정을 내리고 있다.

내가 동의한 바 없는 국가 정책, 좀더 근원적으로는 내가 복종하기로 응낙하지 않은 국가의 명령에 저항하는 행위는 근대 자유민주주의의 관점에서 볼 때 정당하다. 자유민주주의 이념은 국가 권력의 정당성을 그 구성원 개인의 자발적인 동의에서 찾는다. 국가 주권의 궁극적인 원천이 국민에게 있다는 이른바 '주권재민主權在民'의 원리는 국가 권력의 형성은 물론 구체적인 상황에서의 권력 행사 역시 그 효력 범위 안에 있는 국민 일반의 의사에 반해 이루어져서는 안 된다는 것을 의미한다. 그렇다면 인민주권론에 입각한 근대 국가로서, 더욱이 자유민주주의를 표방한 국가로서 대한민국의 정당성 여부는 그 구성원 일반의 동의 여부에 달려 있다. 이러한 맥락에서 국가가 정당성을 획득할 때 국가와 그 구성원으로서의 개인 간에는 밀접하고 조화로운 관계가 형성되며, 자기애나 가족애가 별다른 갈등 없이 애국심으로 확장될 수 있다. 그리고 바로 이 점에서, 즉 정당성을 얻는 데 실패하거나 혹은 무관심하다는 점에서 영화 속 대한민국은 이진태의 반발을 사는 것이 당연하다. 국가의 동원 명령이나 동생의 제대 거부는 그에 대한 억압이고 폭력이다. 더욱이 지금 전쟁을 수행하는 국가, 대한민국은 1948년 통일된 민족국가를 원하는 국민 대다수의 염원을 저버린 채 수립된 남한만의 단독국가라는 점을 감안하면 애초에 국가 형성 자체의 정당성이 의심될 수도 있다. 즉 이때 국가는 이진태로 대표되는 국민 일반의 의사와 무관하게 혹은 그것으로부터 초월해서 존재하는 권력 기관일 뿐이다.

「태극기 휘날리며」에서 국가와 이진태의 대립된 관계가 대한민국을 바라보는 감독의 특정한 관점에 따라 의도된 것인지, 아니면 전쟁이 야기하는 인간 파괴의 보편적 현상을 보여주는 데 주력하느라 구체적인 설명을 결여한 데서 발생한 것인지는 분명하지 않다. 그러나 이 영화를 보다 보면, 동생과 가족의 미래를 위해 처절히 희생하고 국가가 휘두른 폭력에 짓밟히며 점점 전쟁에 미쳐가는 이진태의 운명도 불쌍하지만, 거기서 만나야 하는 우리 국가의 모습에도 가슴이 시리다. 길거리에서 강제로 징집해온 국민을 순순히 군복을 입지 않는다는 이유로 흠씬 두들겨 패고, 동생을 구하겠다는 형의 갸륵한 마음을 농락하고, 그러다 마침내 인공기를 두른 주인공의 총검에 상처를 입는 국가, 대한민국의 모습 말이다. "대~한민국!" 하고 6월의 그 밤처럼 목청껏 외쳐보아도 기분이 영 개운해지지 않는다.

"자유가
아니면
죽음을 달라!"

물론 국가와 개인 간의 대립이 우리나라에서만 나타나는 현상은 아니다. 오늘날 자유민주주의의 모범 국가로 불리는 서구 선진국들 역시 국가와 개인 간의 대립을 겪었다. 그리고 그러한 대립을 혁명적으로 극복하고 해소하는 가운데 근대적 자유민주주의 국가로 발전했다. 그 발전 과정의 긴장과 절박함을 상징적으로 말해주는 구호가 바로 "자유가 아니면 죽음을 달라!"이다. 이 구호는 미국 버지니아의 식민지 의회 의원이면서 변호사였던 헨리[Patrick Henry, 1736~1799]가 1775년 주 의회에서 행한 연설의 일부라고 알려져 있다. 북아메리카 내 여러 식민지들이 영국에 대항하여 독립을 추진하려던 당시에 버지니아 역시 독립 운동에 참가할 것인지의 여부를 결정해야 하는 상황에 놓여 있었다. 이에 헨리는 주 의회 연설에서 다음과 같이 호소했다.

▲ "자유가 아니면 죽음을 달라!"라는 연설로 1775년 주 의회에서 영국에 대항하여 싸울 것을 주장한 패트릭 헨리와 당시의 주 의회의 모습.

강한 자만이 싸울 수 있는 것은 아닙니다. 항상 경계하며, 행동하며, 용기를 가진 사람들도 싸울 수 있습니다. 여러분, 우리에게는 선택의 여지가 없습니다. 만일 우리가 비열하게 다른 선택을 원한다 할지라도 우리의 투쟁에서 물러나기에는 이미 때가 너무 늦었습니다. 굴종과 노예화로부터의 후퇴 이외의 다른 후퇴란 있을 수 없습니다. 그들은 이미 쇠사슬을 만들어 놓았습니다. 그 쇠사슬이 철거덕거리는 소리를 보스턴 들판 위에서 들을 수 있을 것입니다. 이제 전쟁은 피할 수 없습니다. 전쟁이 불가피하다면 전쟁을 합시다. 다시 한 번 말씀드립니다. 전쟁을 합시다, 여러분! 사태를 완화시키려는 것은 이제 헛된 일입니다. '평화'를 외치는 분들도 있을 것입니다. 그러나 평화는 없습니다. 전쟁은 사실상 시작되었습니다. 다음에 북쪽에서 불어올 강풍은 무기가 맞부딪치는 소리를 우리 귀에 들려줄 것입니다. 우리의 형제들은 이미 싸움터에 나가 있습니다. 그런데 왜 우리는 여기서 이렇게 빈둥거리고 있는 것입

▲ 미국 독립전쟁 당시의 모습.

니까? 여러분이 원하는 것은 무엇입니까? 여러분이 갖게 될
것이 무엇입니까? 쇠사슬과 노예화란 대가를 치르고 사야 할
만큼 우리의 목숨이 그렇게도 소중하고 평화가 그렇게도 달콤
한 것입니까? 전능하신 하느님, 그런 일은 절대로 없게 해주
십시오! 다른 사람들이 어떤 길을 택할지 모릅니다. 그러나 제
입장은 이것입니다. '자유가 아니면 죽음을 달라!'

즉 식민지 본국인 영국 국왕들에 대한 청원 운동이나 영국 정
부와의 협상, 타협의 길을 모색할
시기는 이미 지났고, 자유를 위해
분연히 일어나 싸워야 할 때라는
것이 연설의 요지다. "자유가 아니
면 죽음을 달라"는 절규는 싸움의
이유와 목적을 단적으로 웅변하는
동시에 국가와의 관계에서 인간이

대표 없이 과세 없다

정부가 국민의 대표 기관인 의회
의 승인을 얻지 않고서는 과세를
할 수 없다는 원칙. 미국 독립전
쟁 당시에는 영국 본국이 재정 확
보를 위해 마련한 인지조례(印紙條
例) 및 사탕조례(沙糖條例)에 맞서는
저항운동의 이론적 기반으로서 이
원칙이 활용되었다.

요구하는 핵심적 가치가 무엇인지 선명하게 보여준다. 물론 이때 자유란 무정부 상태나 방임을 뜻하는 것이 아니다. "대표 없이 과세 없다"는 말로 요약되는 미국 독립전쟁의 성격으로 미루어 볼 때, 여기서 자유는 자신들의 대표를 통해 스스로의 운명을 선택하고 결정할 자유, 곧 정치에 참여할 자유를 의미한다. 이러한 자유를 요구한다는 것은 개인의 동의가 통치권의 정당한 근원이라는 인식, 내가 동의하지 않은 정치적 결정의 영향력이 내게 미치는 것은 부당하다는 자각의 결과라고 할 수 있다. 이런 점에서 미국의 독립은 16세기 이래 발전해온 근대 자유주의 이념의 역사적, 제도적 성과로 평가되는 것이다.

> **자유주의**
>
> 자유주의가 무엇인지 정의하는 것 자체가 방대한 분량의 저서가 될 정도로 간단한 요약이 어렵다. 시대나 개별 국가의 사정에 따라 혹은 사상가들에 따라 다양하게 정의되어왔지만, 그 핵심은 '개인의 자유를 최고의 정치적 가치로 설정하며 어떤 제도나 정치적 실천의 평가 기준이 개인의 자유를 촉진·조장하는 데 성공적인가의 여부에 있다고 믿는 신념 체계'라고 할 수 있다. 일반적으로 자유주의의 기원으로 로크를 꼽는다.

> **프라하의 봄**
>
> 1968년 1월 둡체크의 서기장 취임 이후 그해 8월 소련군 개입 이전까지 체코슬로바키아에서 진행된 자유민주주의적 개혁. 둡체크는 민주, 자유, 인권을 지향했다. 국민들은 '프라하의 봄'으로 부르며 환영했지만, 소련은 '마르크스·레닌주의로부터의 이탈'이라는 명분을 내세워 바르샤바 조약기구 군대 20만 명을 동원해 무력침공을 개시, 프라하를 점령하고 둡체크를 연행했다. 프라하 시민들의 총파업 투쟁은 군대에 의해 진압되고 말았다.

"자유가 아니면 죽음을 달라"는 구호는 이후 프랑스 대혁명과 2월 혁명 때 다시 등장했고, 프라하의 봄 당시에도, 또 가장 최근에는 1989년 톈안먼 사건 때도 외쳐졌다. 그 구호의 맥락과 의미를 생각해보면 이러한 혁명들의 성격을 쉽게 짐작할 수 있다. 개인의 자발적인 동의에 근거하지 않은 부당한 국가 권력에 대한 저항, 인민주권의 원칙이 실현

톈안먼 사건

1989년 4월 15일 후야오방(胡耀邦) 사망 후 중국에서는 팡리즈(方勵之) 등 지식인을 중심으로 후야오방의 명예회복과 민주화를 요구하는 대규모 시위가 빈번하게 발생했다. 5월로 접어들어 베이징 시내에는 전국에서 모인 100만 명 이상의 학생, 노동자, 지식인이 단식연좌시위를 벌였는데, 마침 중·소 수뇌회담을 앞두고 있던 중국 정부는 시위로 인해 회담에 차질을 빚는 것을 우려하여 6월 3일 밤 탱크와 장갑차를 앞세운 인민해방군을 동원, 톈안먼 광장에 모여 있던 시위 군중에게 무차별 발포했다. 당시 시위 진압 과정에서 수천 명의 시민·학생·군인들이 죽거나 부상당한 것으로 보고되었다.

되는 국가로의 이행에 대한 요구가 그 혁명들의 공통적인 특징인 것이다. 여기서 슬며시 고개를 드는 의문점들이 있다. 정당한 국가의 기원이 개인의 자발적 동의에 있다는 생각은 언제, 어떻게 시작된 걸까? 그 이전에는 국가의 정당성이 어떻게 설명되었으며, 이와 같은 발상의 전환은 어떤 계기로 가능했을까? 개인의 자유를 억압하고 안전을 위협하는 국가 권력에는 혁명적으로 저항하는 것이 마땅하다는 생각은 누구에 의해 발전하게 되었을까? 이러한 생각들의 발전이 인류 역사에 끼친 영향은 무엇일까?

홉스와 로크의 국가에 대한 딴생각

'국가國家, state'는 아주 오래전부터 존재해온 것으로, 그러니까 우리 역사로 치자면 단군왕검의 고조선 당시나 삼국시대에도 국가는 있었던 것으로 생각하기 쉽다. 하지만 엄밀히 말해 오늘날 우리가 말하는 국가는 다분히 근대적 산물이다. 고구려나 백제, 신라도 현재의 대한민국처럼 '국가'라는 용어로 부르지만 그 내용이나 성격은 엄연히 다르다. 오늘날의 국가에 해당하는 정치적 단위 혹은 인간들 사이의 정치적 관계가 인류 역사에서 보편적으로 존재해온 것은 사실이지만, 예컨대 그것은 polis나 imperium, regnum, civitas, commonwealth, 國 등 해당 시기의 특성을 반영하는 고유한 이름을 가졌다. 영어 'state'의 번역어로 만들어진 '국가'라는 용어는, 전근대의 국가 형태들과는 뚜렷하게 구분되는 근대적 성격을 함축한다. 학자들에 따라 근대 국가의 성격에 대한 정의가 조금씩 차이를 보이지만, 그럼에도 불구하고 그 개념의 핵심이 "정치적 최고권의 비인격적 형태"를 가리키는 데 있다는 점에는 이견이 없다. 즉 근대적 의미의 국가는 '왕'으로 상징되는 개인적 인격체와 국가 그 자체가 구분되고 특정 유형의 정부와도 독립해 있는 권위 형태를 가리킨다는 점에서 전근대적 정치체와는 다르다. "짐이 곧 국가"라는 발상이나 하나의 왕조를 국가와 동일시하는 관점에서 등장하는 '국가'는 근대적 의미의 국가가 아닌 것이다.

이상에서 대충 짐작되듯이, 국가에 대한 발상의 전환은 가히 혁명적이었다. 그리고 그러한 혁명을 가시적으로 선도하고 본격화한 것이 영국의 철학자 홉스^{Thomas Hobbes, 1588~1679}와 로크^{John Locke, 1632~1704}다. 흔히 홉스는 권력의 낡은 이미지를 의식적으로 거부하고 국가를 순전히 비인격적인 권위로 보는 근대 국가 개념을 가장 명확하게 제시한 인물로 평가된다. 그리고 로크는 왕의 권력을 정당화해온 전통적인 '왕권신수설^{王權神授說 *}'을 논박하고 정치권력의 사회적 기원을 주장함으로써 인민주권론의 토대를 굳건히 했으며, 나아가 자유주의적 정치질서의 수립을 가능하게 했다. 실제로 그의 사상은, 영국과 미국, 프랑스의 예에서 보듯이 '왕의 국가'를 '국가의 왕'으로 변환시키는 역사적 과정을 추동하기도 했다. 그들을 거치면서 정치 사회의 기원이나 국가의 목적에 대한 생각이 확연히 바뀌었고, '개인'의 발견이 분명해졌으며, 무엇보다 국가와 개인의 관계가 역전되었다. 이제 개인이 국가를 위해 존재하는 것이 아니라 국가가 개인을 위해 존재하는 것으로 인식하게 되었고, 개인에 앞서 국가가 존재했던 것이 아니라 개인이 국가보다 먼저 존재했다고 주장하게 되었다. 즉 국가는 개인들이 그들의 필요에 따라 서로 합의하여 만든 인위적인 구성물에 지나지 않는 것이 되었다.

18세기 중반 '서구의 충격'을 경험하면서 서구적 근대로 편입되지 않을 수 없었던 우리의 경우 국가에 대한 발상의 전환은 어리둥절한 상태로 이루어졌다. 자의에 의한 자생적이고 순차적인 경험이라기보다 다분히 강제적이고 급속하게 겪어야 했던 경험이었다는 점에서 그러하다. 그러므로 그 경험은 어떻게 보더라도 철저하지 못할 수밖에 없다. 그래서 아직도 우리 국민 대다수는 국가에 대한 새로운 시각에 익숙지 못하고, 국가와의 관계 맺음에 서투르며, 따라서 국가에 온전한 애정을 바치는 데도, 완벽히 저항하는 데도 이르기 힘든지 모른다. 「태극기 휘날리며」에서 보았던 국가와 이진태의 갈등, 아니 국가와 우리 사이의 불편하고 어색한 관계를 해소하기 위해 우선 홉스와 로크의 사상을 살펴보는 데서부터 시작할 필요가 있다. 어차피 서구적 근대 국가 체제와 서구 역사에서 발전된 자유민주주의 질서를 받아들인 이상 그 체제와 이념의 기원을 탐색하는 일은 단순한 지적 호기심의 만족 이상의 의미가 있다. 이제 이들의 사상을 본격적으로 살펴보자.

Thomas Hobbes

만남
MEETING

왕이 정치권력의 주체이자 그 자체로 국가였던 시절, 홉스와 로크는
'계약'에 의한 국가, '동의'에 의한 정치권력을 주장함으로써,
근대 국민국가 탄생의 사상적 기초를 닦는다. 홉스와 로크의
국가에 대한 이러한 생각이 어떤 사상적 배경 속에서 형성되었는지,
그 역사적 결과와 의미는 무엇인지 알아보자.

John Locke

고독한 사상가 홉스

**공포와 함께
태어나다**

엘리자베스 1세 Elizabeth I, 1533~1603 즉위 후 태평성대의
토대를 닦아가던 1588년 4월 영국 전역은 전에 없
는 긴장으로 술렁거렸다. 레판토 해전 후 천하제일
의 무적함대로 이름을 날리고 있던 바로 그 스페인 함대가 영국
을 공격하기로 했다는 것이 아닌가. 당시 스페인은 유럽의 제해
권을 장악하고 전 세계를 향해 식민지 개척에 나서던 최강국이
었다. 전력으로 보았을 때 영국은 도저히 스페인 무적함대의 상
대가 되지 않을 것으로 예상되었다. 곧 스페인의 침공이 시작될
것이라는 소문은 영국 서남부 월트셔 Wiltshire 주 맘스베리 Malmesbury
근처의 작은 마을 웨스트포트 Westport 에까지 전해졌다. 게다가 무
적함대가 목표 지점으로 삼은 곳이 웨스트포트에서 얼마 떨어지
지 않은 브리스틀 Bristol 이라는 이야기까지 흘러나오자 주민들의
불안은 극에 달했다. 이렇게 온 마을이 공포로 들끓는 가운데 마

을의 국교회 목사인 토머스 홉스
Thomas Hobbes의 부인은 그 소식에 놀
라 1588년 4월 5일 임신 7개월 만
에 조산을 하고 말았다. 그때 칠삭
둥이로 태어난 아기가 바로 훗날
영국의 철학사와 정치사상사에 지
대한 영향을 끼친 토머스 홉스다
(아들과 아버지가 이름이 같다).

근대 국가의 개념을 명확하게 제시함
으로써 국가에 대한 발상의 혁명적
전환을 가져온토머스 홉스

  자신의 출생 배경을 잘 알고 있
던 홉스는 종종 "공포와 나는 쌍둥
이로 태어났다"고 말하곤 했다. 그의 말을 증명이라도 하듯 홉스
의 일생에는 공포가 운명처럼 따라다녔다. 칠삭둥이로 천신만고
끝에 목숨을 건졌지만, 어린 홉스의 성장 과정은 출생만큼이나
순탄치 못했다. 교양이라고는 전혀 없는 데다가 가난하고 성미
까지 사나웠던 아버지 탓이었다. 이를테면 어느 토요일 밤새도
록 트럼프 놀이를 하고 다음 날 설교단 위에서 졸다가 갑자기 엉
뚱한 잠꼬대로 신자들을 놀라게 한 일이나 교회 현관에서 다른
교구의 목사와 싸움을 벌이다 상대를 흠씬 두들겨 패서 목사직
을 박탈당했다는 등의 이야기를 통해 아버지 홉스의 인간됨을
짐작할 수 있다. 특히 후자의 사건은 홉스와 그의 가족에게 치명
적이었던 것으로 보인다. 이 일을 계기로 아버지 홉스는 처자를
남겨둔 채 반강제적으로 고향을 떠나 영원히 돌아오지 않았기
때문이다. 사정이 이러했으므로 아버지 밑에서 자라는 동안 홉
스는 내내 생계의 공포에 시달리지 않을 수 없었을 것이다.

아버지가 마을을 떠난 후 홉스는 장갑 제조 공장을 운영하는 부유한 삼촌 프랜시스 홉스의 집으로 들어갔다. 조숙하고 총명했던 홉스는 마을의 초등학교에서 두각을 나타냈고, 그의 재능을 아낀 여러 사람들의 도움으로 1603년 옥스퍼드 대학의 모들린 홀^{Magdalen Hall}에 입학할 수 있었다. 학교 공부보다는 주로 고전

을 읽거나 지도 파는 가게를 드나
들며 세계지도에 빠져 지내는 일로
시간을 보낸 대학 생활이었지만,
옥스퍼드에서 보낸 5년이 그의 인
생에서 공포와 가장 멀리 떨어져
지낸 기간이었을 것이다.

1608년 대학을 졸업한 홉스는 학
장의 추천으로 윌리엄 캐번디시
William Cavendish 가문의 가정교사로 들

▲홉스가 공부하던 모들린 홀 내부 전경

어가게 된다. 후에 데번셔Devonshire 백작이 되는 캐번디시 가문과
의 인연은 홉스에게 커다란 행운인 동시에 공포와 다시 대면하
게 하는 계기이기도 했다. 우선 백작가에는 어마어마한 장서가
있었고 풍부한 여가를 활용해 마음껏 공부할 수 있었다는 점에
서 캐번디시 가문과의 인연은 행운임에 틀림없었다. 게다가 그
집에는 당대 유력한 정치인들이 곧잘 모여 현실 정치 문제에 관
한 토론을 나누었기 때문에 홉스가 정치에 관한 실질적인 지식
을 얻을 수 있었다는 점도 그에게는 행운이었다. 또한 홉스는 데
번셔 백작의 자제들을 수행하여 두 차례 유럽 대륙을 여행할 기
회를 가졌는데, 이때 접한 신흥 과학과 여러 학문 조류들은 홉스
가 대사상가로 성장하는 데 중요한 토양이 되었다. 그러나 캐번
디시 가문과의 인연과 그 집에서 얻은 정치적 인맥 및 지식은 홉
스로 하여금 자연스럽게 왕당파 쪽 입장에 서게 했고, 바로 이
때문에 신변에 위협을 느낄 정도의 공포 속에서 시민전쟁기 영
국의 혼란한 정국을 헤쳐가게 된다.

1603년에 엘리자베스 1세가 세상을 떠난 후, 그 뒤를 이은 제임스 1세$^{James\ I,\ 1566~1625}$와 다음 왕 찰스 1세$^{Charles\ I,\ 1600~1649}$ 치하에서 영국은 왕당파와 의회파 간의 갈등으로 심각한 혼란을 겪고 있었다. 의회와의 관계를 효율적으로 유지하여 정치, 종교, 경제적으로 안정과 번영을 이루었던 엘리자베스 1세와 달리 제임스 1세와 그의 아들 찰스 1세는 철저한 왕권신수설의 신봉자로, 의회의 특권을 인정하지 않고 독단적인 처사를 일삼으며 의회와 국민들의 불만을 샀다. 여기에 국교회의 개혁을 요구하는 청교도^{Puritan}가 등장하여 국교를 통해 왕권을 강화하려는 왕당파와 대립

ᘍᘉ **영국혁명사 1** 시민전쟁에서 공화정 수립까지

엘리자베스 1세 사후, 왕위 계승 순서에 따라 스코틀랜드 왕이었던 제임스 6세가 잉글랜드와 스코틀랜드의 통합왕 제임스 1세로 즉위하게 되었다. 제임스 1세의 즉위는 시민전쟁에서 명예혁명으로 이어지는 파란만장한 17세기 영국 역사의 서막을 알리는 신호탄이었다. 40년 가까이 스코틀랜드 왕으로 살아온 탓에 잉글랜드의 정치적 전통, 특히 국왕과 의회의 관계에 익숙하지 않았던 제임스 1세는 왕권신수설을 주창하며 의회를 무시하고 독단적인 처사를 일삼았다. 하지만 잉글랜드는 이미 1215년에 왕의 전제적 권력 행사를 제한하고 귀족의 권리를 보장하도록 한 마그나 카르타(Magna Carta)가 왕에 의해 승인되는 경험을 가진 나라로, 이런 제임스 1세의 처사는 의회는 물론 국민들과도 갈등을 일으키지 않을 수 없었다. 여기에 청교도 세력의 등장은 또 다른 갈등을 낳았다. 정치적 필요에 의해 만들어진 영국 국교가 종교개혁적인 면에 철저하지 못하고 많은 부분에서 가톨릭적 요소를 안고 있는 점을 비판하며 등장한 청교도는 국교의 개혁을 요구했다. 하지만 잉글랜드 구석구석까지 조직되어 있는 국교회의 교구 조직을 이용해 왕권 강화를 도모하려 했던 제임스 1세는 국교회에 대한 비판을 일절 허용하지 않았다. 이런 까닭에 청교도와 제임스 1세의 갈등은 필연적일 수밖에 없었다. 제임스 1세의 재위 기간 동안 아슬아슬하게 줄타기를 하던 왕당파와 의회파의 갈등은 찰스 1세의 통치기에 폭력적인 충돌로 이어지게 된다.

하게 되는데 그 중심인물이 바로 올리버 크롬웰Oliver Cromwell, 1599~1658 이다. 크롬웰이 등장하여 의회파 쪽으로 힘의 균형이 기울던 1640년 가을, 의회에서 왕권 옹호자들에 대한 처벌을 결의했다는 소식이 흘러나왔다. 급박하게 돌아가는 정세 속에서 혁명이 일어나기 직전의 위기를 감지한 홉스는 자신에게 닥칠 위험을 피해 그해 11월 15일 프랑스로 망명을 감행한다. 홉

크롬웰
영국의 정치가·군인. 청교도 혁명 당시 국왕 찰스 1세에 맞선 의회 진영의 장군으로 국왕을 처형하고 왕제와 귀족원을 폐지해 공화제를 수립했으며, 항해 조례를 공표, 영국의 해상권을 확보하고 엄격한 청교도주의에 의한 군사독재 정치를 단행했다. 1657년 왕관이 주어졌으나 거절했다.

아버지 못지않은 왕권신수설 신봉자였던 찰스는 무모한 원정전쟁으로 국고를 탕진했고 이를 만회하기 위한 세금을 국민들에게 부과하고자 의회를 소집했다. 이에 의회는 의회의 동의 없는 과세 금지를 핵심 내용으로 하는 '권리청원(Petition of Right, 1628)'을 제출한다. 궁지에 몰려 있던 찰스 1세가 권리청원을 승인함으로써 정국은 일단 의회 측에 유리하게 돌아가는 듯이 보였다. 하지만 연이어 하원이 교회 내에서 가톨릭 관행이 부활되는 것을 강하게 반대하고 나오자 왕은 1629년에 다시 의회의 휴회를 명하고 권리청원마저 무효라고 선언했다. 이후 11년간 찰스 1세는 한 번도 의회를 소집하지 않았으나 스코틀랜드와의 전쟁 경비 마련을 위해 1640년에 다시 의회를 소집하게 된다. 이렇게 왕의 필요에 의한 의회의 소집과 해산이 반복되면서 의회의 불만은 극에 달하게 되고 의회와의 대치 속에서 신변의 위협을 느낀 찰스 1세는 자신을 지지하는 왕당파와 함께 런던을 빠져나와 왕실 상비군을 조직, 의회군을 향해 본격적인 공세에 나섰다.

1차와 2차에 걸친 내전은 크롬웰을 중심으로 한 의회군의 승리로 끝나고 찰스 1세는 의회와 국민에게 반역하고 절대권력을 행사했다는 죄목으로 사형에 처해진다. 이것이 1649년의 일이었다. 이로써 영국에서는 군주제와 귀족원이 폐지되고, 실권을 장악한 크롬웰에 의해 '공화정'이 선포되기에 이른다.

스가 다시 고국에 돌아오는 것은 1652년 2월의 일이니 그의 망명 생활은 자그마치 11년이나 이어진 셈이다. 망명 중 그는 주로 파리에 머물렀다. 번민과 외로움 속에서도 그의 주요 저작들이 이 시기 동안 출판된 것을 보면, 당시 학문과 예술의 중심지로 번성하고 있던 파리에서의 생활은 그에게 여러 가지 지적 자극을 주었던 모양이다. 1642년 『시민론De Cive』을 필두로 『법의 원리 The Elements of Law』를 1650년에, 그리고 1651년에는 『리바이어던 Leviathan』을 각각 출판했다.

그런데 『리바이어던』이 문제였다. 『리바이어던』은 절대군주론, 군주의 절대주권을 주장한 저서로 알려져 있다. 하지만 이 책으로 인해 홉스는 왕당파의 지지와 후원을 얻기는커녕 미움과 냉대를 받게 되었다. 불충과 신성모독을 범했다는 이유에서였

✿ 영국혁명사 2 왕정복고

공화정 선포 이후 크롬웰은 의회의 집행기구인 국무회의 제1의장 자격으로 우선 수평파와 같은 극단적인 청교도 집단의 반란을 진압하고, 왕당파의 거점인 아일랜드 원정과 스코틀랜드 정벌에 나서기도 했다. 공화국에 위협이 되는 왕당파의 저항을 명실상부하게 제압한 후 크롬웰은 영국의 정치적 안정과 사회개혁을 추진했다. 그런데 이번에는 의회와 군대 사이에 불신과 대립이 커져갔다. 의회가 새로 구성되어야 한다는 군대 내 여론을 더 이상 막을 수 없다고 판단한 크롬웰의 묵인 하에 1653년 부사령관 램버트(John Rambert)의 지휘로 친위 쿠데타가 감행되었다. 의원들이 강제로 축출되었고 이에 크롬웰은 자신이 지명한 인사들로 의회를 새로이 구성했다. 그 뒤 램버트가 기초한 '통치헌장(Instrument of Government)'에 의거하여 크롬웰은 호국경(Lord Protector)의 자리에 오르게 된다.

호국경으로서 크롬웰은, 비록 왕당파와 수평파에 대해서는 잔혹한 면모를 보이기도 했지만, 양심의 자유 보장과(부분적인) 종교적 관용, 의회의 정기적인 소집, 호국경과 의회 간에 군대

다. 홉스는 1647년 이래 당시 프랑스에 망명 중이던 왕세자 웨일스 공^{Prince of Wales}(후일 찰스 2세로 왕위에 오르게 됨)의 수학 교사직을 맡고 있었지만, 망명 궁정의 출입이 금지될 정도로 그에 대한 왕당파의 반발이 컸다. 홉스는 광신자나 프랑스 관헌으로부터 핍박받을지도 모른다는 우려와 공포 속에서 지내지 않을 수 없었다. 1650년 본국 의회에서 대사면령이 내려 귀국한 뒤에도 상황은 나아지지 않았다. 1666년 무신론과 신성모독에 반대하는 법안이 하원에 제출되었을 때, 『리바이어던』도 금서 목록에 들어 있었다. 다시 신변의 위협을 느낀 홉스는 문제가 될 만한 소품들을 스스로 불태워버렸다고 한다. 그러나 실제로 『리바이어던』이 그의 다른 책 『시민론』과 함께 금서로 지정되어 옥스퍼드 대학에서 불태워진 것은 그가 죽고 난 후인 1683년이었다.

의 지휘권 분할 수용 등의 원칙을 천명하는 한편 교육 진흥과 사법제도 개혁 등의 업적을 이루어내었다.

1657년에는 자신을 왕으로 추대하려는 계획을 거절하기도 했다. 하지만 영국에서 공화정은 성공적으로 뿌리내리지 못했다. 처형당한 찰스 1세에 대한 연민이 영국인들 사이에 사라지지 않고 있었다거나 크롬웰의 독재에 불만을 느낀 세력들이 폭넓게 존재했기 때문이라는 설도 있고, 크롬웰의 후계자들이 무능했기 때문이라는 해석도 있다. 그러나 여하튼 여기서 중요한 사실은 1658년 그의 사망 후 대다수 영국인들이 왕정복고를 원했다는 점이다.

결국 1660년 크롬웰의 신임을 받던 멍크(George Monck, 1608~1670) 장군이 왕정복고를 주장하는 반란에 성공함으로써 영국은 다시 군주정으로 전환되었다. 프랑스에 망명 중이던 찰스 1세의 왕세자 웨일스 공이 찰스 2세로 왕위에 올랐다. 왕정복고가 이루어진 후인 1661년 크롬웰은 무덤에서 끌려 나와 교수대에 매달리는 처지가 되었다. 17세기 영국 역사의 우여곡절과 파란만장함을 이보다 더 극적으로 보여주는 장면이 있을까?

17세기 유럽 전역을 휩쓴 종교적 갈등과 특히 시민전쟁을 치렀던 영국의 정치적 혼란을 지켜보면서 새로운 정치사상을 구상했던 홉스가 논의의 실마리를 공포의 감정에서 찾은 것은 우연이 아니었다. '죽음에 대한 공포', 특히 '폭력적인 죽음에 대한 공포'는 출생과 함께 그를 지배한 감정이었다고 해도 과언이 아니고, 대사상가답게 그는 그것을 연구의 주제로 삼고 성찰했다. 모든 개인의 궁극적인 존재 목적은 '자기 보호'이며, 이를 위해 국가, 그것도 강력하고 절대적인 힘을 가진 국가가 필요하다고 본 홉스 정치사상의 골격은 이렇게 해서 형성되었다. 다시 말해, 평생 자신을 따라다닌 공포의 감정에 대한 분석과 반성을 토대로 정치사상사에 한 획을 긋는 업적을 이뤄낸 것이다.

  홉스의 저작들에서 공포는 모든 개인적 권리의 뿌리이자 도덕성의 근거이고, 나아가 인간으로 하여금 평화를 추구하게 만드는 동기로 나타난다. 특히 『리바이어던』에서 공포는 사람들이 자연상태에서 벗어나 국가를 계약하게 만드는 감정이며, 절대적인 리바이어던의 힘을 요구하고 그에 복종하도록 만드는 감정이다. 공포에서 벗어나기 위해 인간은 공포의 대상을 제거하거나 통제 가능한 것으로 만들지 않으면 안 된다. 홉스는 두 가지 차원에서 방법을 찾았다. 우선 과학혁명의 시대에 살았던 사람답게 그는 새로운 과학적 성과를 통해 인간이 자연의 힘 앞에서 느끼는 공포를 제거하거나 통제할 수 있다고 믿었다. 다른 한편 타락한 종교 지도자나 부패한 군주가 가하는 공포는 근대 과학의 새로운 이론만큼이나 정교한 근대적 사회과학을 통해 해소할 수 있을 것으로 보았다. 홉스의 정치사상은 언제든 공포의 대상으로 돌변할 수 있는 국가와 종교의 힘을 통제하기 위한 시도라고 볼 수 있다. 독신으로 살며 일생 동안 공포와 외롭게 싸워야 했던 그가 안쓰럽긴 하지만, 이쯤 되면 자신이 처한 역경을 정치사상적으로 승화시킨 그의 의지와 능력에 대한 감탄이 앞선다.

'왕따'의 경험

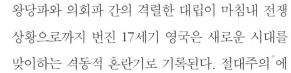

왕당파와 의회파 간의 격렬한 대립이 마침내 전쟁 상황으로까지 번진 17세기 영국은 새로운 시대를 맞이하는 격동적 혼란기로 기록된다. 절대주의˚에 맞서 자유주의가 호소력을 얻기 시작했고, 오랜 절대군주제에서 입헌군주제로의 이행은 이미 거스를 수 없는 대세였다. 이런 마당에 절대군주를 옹호하고 절대적인 통치권의 확립을 주장했으니 홉스의 정치사상은 왕당파로부터 지지를 얻고, 의회파의 반발을 샀을 것으로 짐작할 수 있다. 사실 홉스는 왕당파와 정치적 입장을 같이함으로써 시민전쟁의 와중에 망명을 떠날 정도로 의회파의 미움을 받았다. 하지만 그는 『리바이어던』의 출간 후 왕당파로부터도 배척당했다. 종교에 대한 이단적인 견해 때문이었다. 『리바이어던』에서 홉스는 리바이어던, 곧 절대주권자의 의지가 무엇이 정의이고 부정의인지를 규정할 뿐만 아

> **절대주의**
> 근세 초 유럽에서 등장했던 전제적(專制的) 정치형태 및 체제를 지지하는 이념. 대개 군주정 형태를 띠었으므로 절대왕정이라고도 불린다. 중앙집권적 통일국가를 추구했다는 점에서 분권적인 중세 봉건국가체제와 다르고, 신분질서를 유지하면서 인민의 권리를 부정했다는 점에서 근대국가체제와도 구별된다. 흔히 봉건제에서 자본주의로의 이행 과정에서 출현한 과도기적 정치형태로 이해된다.

니라 심지어 종교까지도 규정한다고 주장했다. 신의 계시조차 리바이어던의 권위에 의해 법적 힘을 부여받을 때 비로소 개인의 양심을 구속할 수 있다고 생각했던 것이다. 이 때문에 홉스는 무신론자로 몰렸고, 상당히 우호적으로 보더라도 이신론자理神論者*이지 진정한 기독교도는 아니라는 평가가 일반적이었다. 영국 국교회와 이해관계를 같이하고, 왕권의 정당성을 종교적으로 뒷받침하던 왕당파로서는 『리바이어던』이 아무리 강력한 절대군주를 옹호한다고 하더라도 신성모독의 혐의를 받는 홉스를 자기

들 편으로 끼워줄 수가 없었다.

한편 의회파의 지지 세력들로부터 홉스가 어떤 대접을 받았는지는 로크가 홉스에게 보였던 반응으로 짐작할 수 있다. 로크는 홉스와 함께 근대 자연법사상˙의 계보를 잇고 있으며, 사회계약에 대한 생각이나 자연상태 개념 등 여러 가지 점에서 홉스의 사상에 빚지고 있다. 게다가 그들은 동시대인이었다. 홉스가 『리바이어던』을 출간했던 1651년에 로크는 19세였으며, 1660년 오랜 망명 생활에서 돌아온 찰스 2세를 환영하기 위해 모인 인파 속에는 72세의 홉스와 28세의 로크가 함께 섞여 있었다고 한다.

초대 ─ 만남 ─ 대화 ─ 이슈

이신론자

신의 계시를 부정하거나 적어도 그 역할을 상당히 약화시키고 대신 성서를 비판적으로 연구함으로써 기독교 신앙을 이성적으로 파악할 수 있는 진리 범위에 한정시키고자 한 합리주의 신학의 종교관인 이신론(deism)을 옹호하는 사람을 말한다. 이신론은 18세기 계몽주의 시대의 대표적인 기독교 사상이라고 할 수 있다.

근대 자연법사상

자연법이란 실정법(實定法)에 대비되는 개념으로 자연적 성질에 바탕을 둔 보편적이고 항구적인 법률 및 규범을 일컫는다. 자연법사상은 근대 이전에도 다양한 형태로 존재했으나, 특히 근대 자연법사상은 중세적 신권설(神權說)에 대항하여 근대 주권론이 발전하는 데 이론적 근거를 제공했다는 점에서 의의가 있다. 뿐만 아니라 자연권 관념과 맞물리면서 자유주의 사상의 발전에도 영향을 끼치게 된다.

적어도 로크가 홉스의 존재를 몰랐을 것으로 보기는 힘들다. 그럼에도 불구하고 로크가 그의 저작들에서 홉스를 직접 언급한 적은 한 번도 없다. 명예혁명을 성공시킨 의회파의 이론가로서 절대군주론을 비판하고 자유주의와 대의정부론을 발전시켰던 로크가 당대 『리바이어던』의 저자를 어떤 식으로도 직접 언급하지 않은 것은 자못 의미심장하다. 다만 그는 절대군주론을 주장하는 일의 어리석음에 대해 경고하면서 다음과 같이 간접적으로 홉스를 시사한 바 있다.

당신이 피해나 위해로부터 어떻게 보호받을 수 있을지를 묻는
것은, 그런 일을 하려고 최강자가 손을 놀리는 저쪽 편에서 보
면, 곧바로 분열과 반란의 목소리다. 마치 인간이 자연상태를
그만두고 사회 안으로 들어갈 때 한 사람을 제외한 자기들 모
두는 법률의 제약 아래 있어야 하지만 그 한 사람은 자연상태
의 모든 자유, 그것도 권력을 이용하여 증대되고 처벌 면제를
통해 제멋대로 해도 상관없게 된 자유를 여전히 보유해야 한
다고 동의라도 했다는 듯이 말이다. 이는 인간이 긴털족제비
나 여우가 가할 수도 있는 해악은 피하려고 조심하면서도 정
작 사자한테 잡아먹히는 것은 감수할 정도로, 아니 정확히 말
해 안전하다고 여길 정도로 어리석다고 생각하는 것이다.

『통치론Two Treatises of Government』 제7장 93절

명예혁명 후 18세기 영국 정치는 자신들을 17세기 반절대왕
정 전통의 후계자로 생각했던 휘그당이 주도하게 되었고, 따라
서 홉스의 정치사상이 주목을 받기는 어려웠다. 홉스에게 우호
적이거나 그의 사상에 관심을 가졌던 휘그당원은 거의 없었다.
그렇다고 그들의 정적인 토리당이 홉스를 옹호하거나 홉스 사
상의 계승자를 자처했던 것도 아니다. 17세기 왕당파를 계승한
토리당 역시 정통 영국 국교와 연합했고, 홉스 생전의 왕당파와
똑같은 이유에서 그에게 적대적이었다. 그를 인정할 만한 유일
한 집단은 무신론자들이었다. 18세기에 들어서면서는 유럽의
오랜 기독교 전통이 확연히 흔들리기 시작하고, 회의주의적인
정신으로 충만한 이들이 지성계의 전면에 등장했다. 그런데 홉

스의 이단적인 종교적 견해를 상당
부분 이어받은 사람들 역시 그에게
비판적이었다. 흄David Hume, 1711~1776°
이 바로 그 전형적인 입장을 대변
하는 인물이다.

> 우리 시대에 그는 더욱 무시당하고
> 있다. …… 홉스의 정치철학은 단
> 지 전제정치를 촉진시키는 데에
> 만, 그의 윤리학은 방종을 고무시
> 키는 데에만 적합하다. 비록 종교
> 에는 적대적이지만, 그는 회의주
> 의적인 정신을 추호도 가지고 있
> 지 않다. 오히려 인간 이성은, 특히
> 그의 이성은 이 주제들에 대해 완
> 벽한 확신을 획득할 수 있는 것처
> 럼, 단정적이며 독단적이다.

흄

영국의 철학자. 로크, 버클리
(George Berkeley, 1685~1753)와
함께 영국 경험론을 대표하는 주
요 인물로 꼽힌다. 인간의 본성과
인식 가능성을 해명하는 데 몰두
했으며, 『인성론(A Treatise of
Human Nature)』, 『도덕·정치철학
(Essays Moral and Politica)l』 등의
저작을 남겼다. '자연상태'라는 가
정(假定)과 계약론을 비판함으로
써 홉스 및 로크와 대립 관계에
있다.

『영국사The History of England』(1754~1762)

  새로운 시대의 전개와 함께 거부되고 잊혀가던 홉스에게 관심
을 갖고 그의 사상을 최초로 진지하게 연구하기 시작한 것은 뜻
밖에도 후기 영국 공리주의자들이었다. 공리주의자들은 사람들
이 특정 상황들에서 끌어내는 '쾌락' 혹은 '공리'의 서로 다른 양
을 함께 비교할 수 있다고 보았다. 그리고 국가의 공공정책은

'최대 다수의 최대 행복'을 확보하는 방향으로 결정되어야 한다고 주장했다. 이와 같은 공리주의자들의 주장에 따르면, 소수의 이익과 행복은 전체 사회의 더 큰 공리를 위해 희생될 수 있고, 또 그래야 했다. 따라서 공리주의적인 공공정책이 실제로 실행되기 위해서는 일정한 강제력이 불가피하게 요구되었다. 자신의 이익과 행복을 '최대 다수의 최대 행복'을 위해 양보해야 하는 공동체 내 소수가 언제나 고분고분하게 따를 것으로 낙관할 수는 없었기 때문이다. 예상 가능한 반발에도 불구하고 공동체 내 소수의 이해관계를 나머지 다수의 이해관계에 종속시키기 위해서는 정치적인 강제력이 필수 불가결했다.

공리주의자들이 홉스의 진가를 발견하게 된 것은 그의 '리바이어던'에서 공리주의적 규범을 현실적으로 관철시킬 수 있는 강력하고도 중립적인 주권자의 모델을 보았기 때문이었다. 그러나 홉스에 대한 공리주의적 지지는 홉스 사상의 온전한 계승과는 거리가 멀었다. 오히려 홉스의 사상과 공리주의 사이에는 쉽사리 메울 수 없는 간격이 있었다. 우선 홉스의 사상에는 서로 다른 사람들의 서로 다른 공리를 의미 있게 비교할 수 있다거나 소수의 공리가 더 큰 집단 이익에 종속되어야 한다는 시사가 없다. 더욱이 개인주의적 전제에 충실했던 그는, 단지 더 많은 사람들에게 행복을 가져다준다는 이유로 어느 누군가의 희생을 강요할 수 있다고 생각하지 않았다. 반면에 공리주의는 바로 그와 같은 도덕적 의무의 가능성을 핵심으로 했고, 따라서 공리주의자들이 홉스에게서 빌려오고자 했던 것은 자신들의 사회적 목표를 실현하기 위해 필요한 국가의 권리 혹은 권한에 관한 설명에 한정되었다. 무엇이 사회적 목표여야 하는지에 대해서는 결코 그들 자신의 설명을 양보하지 않았던 것이다. 이것이 홉스에 대한 공리주의적 지지의 한계였다.

한편 공리주의자들과 그 사상적 배경은 달리하면서도 그들과 유사한 이유에서 홉스에 대해 관심을 갖는 사람들이 19세기 후반 유럽 대륙에서 등장했다. 특히 독일에서 홉스에 대한 관심이 높았는데, 홉스의 정치사상에 대한 가장 권위 있고 치밀한 연구가 이 시기에 독일의 대표적인 사회학자 퇴니에스^{Ferdinand Tönnies, 1855~1936*}에 의해 수행되었다는 사실은 결코 우연이 아니다. 1870년 비스마르크^{Otto von Bismarck, 1815~1898*}가 독일을 통일한 직후 많은 독일 사회주의자들은 이 새로운 국가를 사회주의를 실현하는 데 활용할 수 있으리라고 기대했다. 즉 그들은, 비스마르크가 독일 통일 과정에서 국가를 귀족과 성직자의 특권을 분쇄하는 데 이용했던 것처럼, 이번에는 자본주의적 착취 세력을 분쇄하는 데 국가를 이용할 수 있으리라고 생각했다. 퇴니에스는 이러한 노선을 대표했던 라살^{Ferdinand Lassalle, 1825~1864*}의 추종자였다. 그리고 그는 국가

퇴니에스

독일의 사회학자. 대표 저서로 『공동사회와 이익사회(Gemein-schaft und Gesellschaft)』, 『토머스 홉스(Thomas Hobbes)』, 『사회문제의 발전(Die Entwicklung der sozialen Frage)』 등이 있다. 사회의 기본 형태를 구성원의 결합 방식에 따라 두 가지 범주, 곧 공동사회를 의미하는 게마인샤프트와 이익사회를 뜻하는 게젤샤프트로 분류한 학자로 널리 알려져 있다.

비스마르크

독일의 정치가. 보수당 창립멤버로, 빌헬름 1세(Wilhelm I, 1797~1888) 때 프로이센 총리로 임명되었는데 '철혈정책'으로 독일을 통일했다. 독일제국 총리가 되어 1871~1890년에 지위를 독점했다. 1888년에 즉위한 빌헬름 2세(Wilhelm II, 1859~1941)와 충돌, 1890년에 사직했다. 저서로는 『회상록(Gedanken und Erinnerungen)』이 있다.

를 이용하기 위한 이론적 가능성을
홉스에게서 발견했다. 1877년 이
래로 그는 영국에서 홉스의 많은
수고手稿들을 찾아내고, 홉스에 관
한 본격적인 연구에 나섰다. 1896
년에 발표한 『토머스 홉스』는 그
대표적인 성과였다. 이번에는 홉스
의 '리바이어던'이 사회주의를 앞
당길 강력하고 근대적인 국가로 기대를 모았던 것이다.

그러나 많은 다른 독일인들처럼 퇴니에스 역시 사회주의를 촉
진하기 위한 국가의 잠재적 역할에 대해 점차 자신감을 잃어갔
고, 마침내 근대 국가를 비판하는 쪽으로 입장을 전환했다. 그
러자 홉스에 대한 그의 평가도 자연히 달라지지 않을 수 없었
다. 이제 퇴니에스에게 홉스는 영웅이 아니라 일종의 악한이었
다. 왜냐하면 홉스는 독일어로 게마인샤프트Gemeinshaft라고 불리
는 공동사회적 태도를 거부하고 게젤샤프트Gesellshaft, 즉 계약사
회적 태도를 고안한 근대성의 화신이었기 때문이다. 퇴니에스
가 사회주의는 합리주의적이고 계약적 관계로 구성된 근대 국
가를 벗어나 공동체의 세계로 되돌아가야 한다고 믿게 됨에 따
라 정치사상사에서 홉스의 운명은 또 한 번 굴곡을 겪지 않을
수 없었다.

시대와의 불화를 넘어서

이렇게 살아서도 죽어서도 왕따를 면하지 못한 홉스가 지금까지도 정치사상사의 한 장을 차지하고 있는 까닭은 무엇일까? 홉스의 업적, 홉스가 끼친 영향은 무엇일까? 홉스의 불운한 삶에 대한 이야기를 듣고 나면 이런 물음들이 생길 법하다. 홉스의 사상에 대해 본격적으로 알아보기 전에 우선 간략히 이 의문을 해결하고 넘어가기로 하자.

비록 시대적 흐름에 부합하지 못한 까닭에 살아생전에 지지자보다 적대자가 많았고, 후대의 평가도 부정적이거나 인색한 경우가 대부분이었지만, 정치철학사에서 홉스의 의의는 결코 적지 않다. 우선 그는 영어로 철학을 시도한 최초의 인물이다. 홉스 이전에는 형이상학, 자연학은 물론이거니와 윤리학 등 철학의 전문 분야 저술에서 영어가 사용된 경우가 거의 없었다. 알려진 바에 의하면 후커[Richard Hooker, 1554~1600]가 유일한 예외라고 할 수 있지만, 그것은 단지 철학의 한 분야인 법학에 한정된 것일 뿐이다. 하지만 홉스 이후 영어가 부적합하다고 생각되는 인간의 탐구 영역이란 없어지게 되었다.

오늘날 우리는 이미 영어가 일상적, 학술적인 세계 공용어로 쓰이는 시대에 살고 있기 때문에 영어로 철학을 시도한 것이 홉스의 위대한 업적이라는 데 뜨악한 반응을 보이기 쉽다. 그러나 그것은 사실상 대단한 업적이라 할 수 있다. '영어로 철학하기'가 가능했던 것은 홉스가 전통적인 철학 언어인

후커

영국 성공회(영국 국교회)의 성직자로, 청교도와의 대결을 중요시했다. 『교회정치의 법칙』은 성공회의 철학적 근거를 제시하려는 노력의 산물이다. 1594년에 제1~4권을 출판한 데 이어 1597년에 제5권을 간행했다. 그가 죽은 뒤 1648년에 제6, 8권이, 1662년에 제7권이 출간되었다.

라틴어와 새로운 언어인 프랑스어로 전개되던 당대의 논쟁을 완벽하게 이해하고 있었다는 것을 의미한다. 바로 그 점에서 홉스의 위상과 무게가 분명하게 드러난다. 서양 근대 철학사의 맥락을 제대로 아우르기 위해, 또 주권과 국가, 권력, 자연권과 법,

전쟁, 관용, 이성과 정념, 정치와 윤리 등 그 시대의 역사적 문제들과 그것을 둘러싼 철학적 성찰들을 제대로 이해하기 위해 홉스는 비켜 갈 수 없는 인물이다.

또한 홉스는 당대 자연과학이 이룩한 발전을 인문학에 적용하여 이른바 '사회과학'을 창시하고자 했던 인물이기도 하다. 유럽 대륙을 중심으로 급격하게 전개된 과학혁명과 영국 국내의 정치적 격변을 시대적 배경으로 했던 홉스는 가장 이성적인 활동 가운데 하나라고 할 수 있는 과학의 방법론을 철학에 적용함으로써 가장 비이성적인 정치의 세계를 설명하려는 목표를 가졌다. 홉스에게 최초로 이런 지적 자극을 제공한 것은 유클리드 기하학Eucledean geometry*이었다. 1629년 어느 날, 홉스는 우연히 유클리드 기하학을 알게 되었는데, 곧바로 그 추론과 증명의 명료함에 매료되고 말았다. 이 경험은 홉스의 철학적 발전에 중요한 계기가 된다. 이후 그는 기하학적 증명 방법을 철학적 탐구의 모델로 추구하게 되었기 때문이다. 근대 과학혁명의 성과에 지속적으로 관심을 갖고 있던 홉스는 1636년 피렌체에서 말년을 보내던 갈릴레이Galileo Galilei, 1564~1642를 방문하게 되는데, 이 만남 또한 그에게 깊은 인상을 남겼다. 영국으로 돌아온 홉스는 갈릴레이가 시도한 물리학 연구의 방법을 인간 행동 및 관계의 연구에 적용함으로써 정치나 도덕에 관한 문제를 다루는 데 기하학적인 정확성을 갖는 사회과학의 가능성을 본격적으로 탐색

유클리드 기하학

유클리드(Euclid, BC 330~275)가 그의 저서 『기하학원본』에서 전개한 논증 수학을 일컫는다. 이 책은 당시까지 알려져 있던 고대 그리스 수학을 집대성한 것이었다. 토지측량술이나 천체관측술의 응용으로 출발한 기하학은 이 책을 통해 논리적 체계를 갖춘 학문으로 발전하게 되었다.

하게 된다.

홉스의 대표적 저작으로 손꼽히는 『리바이어던』은 저술 방법과 형태 면에서 그의 시도를 잘 드러내고 있다. 비록 이 책의 출간으로 인해 홉스는 당대의 대표적인 두 정치 세력인 왕당파와 의회파 모두에게 배척당했지만, 그 스스로는 자신이 공정하고 과학적인 정치 이론을 새롭게 제공한 정치철학자라는 자부심을 가졌다. 그가 보기에 영국이 내전 상태로까지 내몰리게 된 것은 국가와 법의 본질이나 시민 생활의 보편적인 규칙에 대한 정확한 인식이 부재한 탓이었다. 이에 반해 새로운 과학적 방법론에 입각한 자신의 저작은 국가의 구성은 물론 인간의 마음과 행위에 관한 보편적인 지식을 제공함으로써 평화적인 공동체질서가 확립될 수 있도록 할 것이었다. 홉스는 자신에 앞서 근대 학문의 새로운 장을 연 사람으로 갈릴레이를 꼽으며 칭송을 아끼지 않았다. 그리고 자신의 업적을 갈릴레이의 그것에 견주며, 갈릴레이가 근대 자연과학의 문을 연 것처럼 자신은 근대 사회과학의 문을 열었다고 평가했다. 이는 국가와 국가 권력, 법과 불법의 기준, 시민적 의무의 근거에 대한 정확한 인식이 자신의 새로운 정치철학과 함께 비로소 가능하게 되었다는 홉스의 자신감을 반영한다. 오늘날 홉스 연구자들의 일반적인 평가는, 그의 자신감이 터무니없지는 않다는 것이다.

한편 홉스는 '사회계약'에 관한 최초의 이론가이자, 한 홉스 연구자의 표현을 빌리자면 "사회계약 이론의 발명가"로서 의의를 지닌다. 계약이라는 관념 자체는 홉스 이전에도 존재했고, 이를 통해 사회의 성립을 설명하려는 시도도 있었다. 그럼에도 불구하고 홉스가 사회계약론을 최초로 고안했다고 말할 수 있는 것은 우선 그의 '자연상태'라는 개념의 독특함에서 기인한다. 홉스의 사회계약론은 아리스토텔레스^{Aristoteles, BC 384~322}가 인간을 '정치적 동물'로 규정한 이래 오랫동안 받아들여져온 (인간의) 자연적 사회성이라는 관념 대신 자연상태, 곧 자연권을 지닌 독립된 개인들이 각자 삶을 영위하는 사회 이전의 상태에 대한 논의에서 출발한다. 그리고 '사회계약'은 자연상태와의 전면적인 단절을 통해 인위적으로 사회상태 또는 국가를 구성하는 핵심 수단으로 제시된다. 더욱이 홉스에게 계약의 과정은 주권자에게 정당한 권위를 부여하는 과정이기도 하다. 이러한 점들로 인해 홉스의 사회계약론은 이전 사상가들의 논의와 달리 근대적 성격을 획득한 최초의 것으로 평가받는다.

　서양 역사에서 자유민주주의 발전의 토대를 닦아가던 17세기에 절대군주의 절대적인 통치권을 옹호했던 홉스는 어쩔 수 없이 시대와 불화한 사상가였다. 그의 정치사상은 쇠퇴해가던 구시대에도 점차 밝아오는 새 시대에도 속하지 않는 것이었다. 비록 절대군주를 옹호하긴 했지만, 군주의 절대권력이 조물주인 신에 의해서가 아니라 계약에 참여한 사회 구성원들의 동의에 의해서 발생한다고 주장했기 때문에, 전통적인 군주주권론자나 왕권신수설 주창자들에게 환영받지 못했다. 다른 한편 국가의 발생을 자유롭고 평등한 개인들의 자발적인 계약으로 설명하고 인민주권론의 중요한 토대를 마련하긴 했지만, 그 모든 논의가 결국 강력한 리바이어던으로 귀결된다는 점에서 자유주의와 대의정부를 지향하는 새로운 세력들에게도 환영받을 수 없었다.

그러나 이편에도 저편에도 끼지 못하는 홉스의 불운은 그 자체로 서양 정치사상사에서 그가 차지하는 독특한 위상을 반영한다. 그는 구시대에서 새 시대로 전환하는 과도기적 상황을 온몸으로 체현하며, 전통의 요소와 근대적 요소를 동시에 드러내고 있었던 것이다. 이제 그로부터, 그리고 그를 딛고 넘어서서 서양 근대 역사 및 사상사가 발흥될 참이었다. 개인의 해방과 인민주권의 확립, 국민국가의 탄생, 자본주의의 발전 등을 특징으로 하는 서양 근대는 홉스를 제쳐놓고 말하기 어렵다. 홉스를, 부정적인 의미에서든 긍정적인 의미에서든 '근대성의 화신'으로 칭하는 것은 지극히 타당하다. 홉스는 시대와의 불화를 넘어서 역사에 커다란 발자취를 남기고 있다.

홉스,
리바이어던을 구상하다

공포의
자연상태

'원시' 혹은 '자연적'이라는 말은 매우 상반된 두
가지 이미지를 떠올리게 한다. 하나는 때 묻지 않
은 순수함, 목가적이면서도 생명의 활력이 넘치는
어떤 이상적인 상태이다. 기술 문명에 비판적인 사람일수록 '원
시'나 '자연적'이라는 말에 그러한 의미를 부여하는 경향이 높다.
예컨대 소로Henry David Thoreau, 1817~1862° 의 『월든Walden』(1854)이나 리
프킨Jeremy Rifkin, 1945~° 의 『엔트로피Entrophy』(1980) 등과 같은 문명비
판서, 레비스트로스Claude Lévi-Strauss, 1908~° 같은 학자의 인류학적 연
구보고서들을 읽다 보면 '원시' 혹은 '자연적'인 것에서 '전前문
명' 상태에 대한 단순한 향수만이 아니라 '반문명'의 대안이 느껴
지기도 한다. 그러나 다른 한편 '원시' 혹은 '자연적'이라는 말에
서 야만스럽고 비합리적이며 저발전된 상태를 떠올리는 사람도
많을 것이다. 즉 그 말은 텔레비전에서나 보는 '동물의 왕국'처

럼 적자생존의 살벌한 논리가 지배하는 거친 삶의 현장, 문명의 혜택을 아직 누리지 못하고 있는 미개척지의 이미지를 갖고 있기도 하다. 이런저런 기회에 아마존 밀림 지역 원주민들의 삶의 모습을 접하게 되었을 때, 선뜻 그런 삶을 따라 나설 현대인이 얼마나 되겠는가? 많은 경우, 현대인들에게 '원시'나 '자연적'인 것은 건강할지는 몰라도 불편하며, 자유로울지는 몰라도 불안한 상태일 것이다.

이처럼 '원시' 혹은 '자연적'이라는 말이 갖는 상반된 이미지는 일견 '문명'을 보는 상반된 시각에서 비롯되는 것 같다. 문명을 인류가 이루어낸 위대한 업적으로 이해하고, 문명화 과정은 인류 역사의 진보를 의미하는 것이라고 보는 입장에서 '원시'나 '자연적'인 것은 하루빨리 극복·개선해야 할 숙제와 같은 것이다. 하지만 문명을 축복이 아니라 저주요, 더 나은 상태로의 발전이 아니라 공멸에 이르는 퇴행이라고 보는 입장에서 '원시'나 '자연적'인 것은 인류가 구원의 가능성을 발견할 수 있는 희망의 상징이다. 현대로 올수록, 그리고 동시대에서는 문명의 발전 수준이 좀더 높은 지역일수록 '원시'나 '자연적'인 것을 긍정하고 지향하는 사람이 많아지는 것은 문명화의 폐해를 직접 경험하면서 그만큼 문명에 대한 비판적 인식이 높아졌기 때문일 것이다. 다시 말해, '원시'나 '자연적'인 것에 대한 찬미는 다분히 문명 비판과 궤를 같이한다.

　그런데 지금으로부터 약 400여 년 전에 살았던 홉스는 전혀 다른 동기에서, 전혀 다른 의미를 갖는 '자연상태'를 상상했다. 홉스가 묘사한 자연상태는 철학사에서 가장 유명한 악몽으로 통한다. 잘 알려져 있다시피, 그것은 "만인에 대한 만인의 투쟁 상태"로 요약된다. 앞에서 잠깐 언급한 바 있듯이, 이 자연상태 개념은 홉스의 정치철학을 구성하는 상당히 중요하고도 독창적인 요소 가운데 하나다. 하지만 그는 자신의 저서 어디에서도 그 개념을 명백하게 정의하고 있지는 않다. 다만 '인류의 행·불행과 관련된 자연상태에 관하여'라는 제목을 달고 있는 『리바이어던』 제13장이 전체적으로 그가 상정하는 자연상태의 모습을 잘 보여준다.

> 자연은 그 신체와 정신의 능력 면에서 인간을 평등하게 창조했다. …… 우리가 목적을 달성하는 데 갖는 '희망의 평등'은 '능력의 평등'으로부터 생겨난다. 그러므로 만일 어떤 두 사람이 같은 것을 소망하나 그것을 두 사람 모두가 향유할 수 없다면 그들은 적이 된다. 그리고 기본적으로 자신의 보존이나, 때로는 쾌락이 되기도 하는 그들의 목적 달성 과정에서 서로를

파멸시키거나 굴복시키려고 노력한다. …… 이로써 다음과 같은 점이 분명해진다. 즉 인간은 모두를 두렵게 하는 '공통의 힘'이 없이 사는 동안에는 전쟁이라 불리는 상태에 있으며, 그러한 전쟁은 만인에 대한 만인의 전쟁이라고 할 만하다.

『리바이어던』 제13장

  그에 의하면, '전쟁상태인 자연상태'에서는 노동의 결실을 보장받을 수 없기 때문에 생산 활동이 일어날 여지가 없다. 또한 예술, 학문, 사회도 없다. 무엇보다도 나쁜 것은 지속적인 공포와 난폭한 죽음의 위험이 존재한다는 점이다. 이런 상태에서 "인간의 삶이란 고독하고, 비참하고, 잔인하며, 짧다."
  홉스의 자연상태가 문명 비판의 성격을 갖는, 이상적이며 평화로운 상태가 아닌 것은 분명하다. 그렇다고 단순히 문명화 이전의 야만적이고 불편한 단계를 지칭하는 것으로도 보이지 않는다. 그러면 홉스는 무엇 때문에 자연상태에 관한 논의를 필요로 했으며, 왜 하필 자연상태를 '만인에 대한 만인의 투쟁'이 일상화된 전쟁상태로 그렸던 것일까? 우선 홉스가 묘사하고 있는 자연상태를 들여다보면 그것은 '문명'보다 오히려 '사회'와 대척 관계를 이루고 있음을 알 수 있다. 달리 말해, 홉스의 자연상태는 문명이 발전하기 이전의 상태라기보다 인간이 "그들 모두를 두렵게 하는 공통의 힘이 없이 사는" 상태, 곧 사회 이전의 상태이다.

  공통의 힘이 존재하지 않는 곳에는 법도 존재하지 않으며, 법이 존재하지 않는 곳에는 불의도 존재하지 않는다. …… 정의

와 불의는 …… 고립된 채 살고 있는 인간이 아니라 사회에 살고 있는 인간과 관계 있는 속성이다. 또한 만인에 대한 만인의 투쟁 상태에서는 소유도 지배도 없고 내 것과 네 것의 구분도 없다. 거기서는 다만 자신이 손에 넣을 수 있는 것이 자기 것이 되는데, 그것도 자신이 그것을 자기 것으로 지킬 수 있는 동안만 그러하다. 단순한 자연상태에 놓여 있는 인간의 열악한 상황에 대해서는 이 정도 설명으로 충분할 것이다.

『리바이어던』 제13장

　앞서 홉스의 자연상태 개념은 아리스토텔레스 이래 받아들여져온 '정치적 동물'로서의 인간에 대한 관념을 명시적으로 거부한 것이었다는 점에서 의미가 있다고 지적한 바 있는데, 이처럼 홉스에게 인간은 선천적으로 사회성을 지닌 존재가 아니다. 그가 그리는 자연상태에서 인간은 어떠한 사회적 관계도 맺지 않고 정치적 권위나 조직에 의해 통제되지도 않은 채 각자 고립된 상태로 생존을 유지한다. 애향심이나 애국심, 민족애 같은 공동체로서의 감정이 일절 없는 사람들이 그들 모두에게 공통으로 적용되는 실정법이나 통치자마저 존재하지 않는 상황에 함께 놓여 있는 것이 바로 홉스가 제시하는 자연상태의 요체다. 이렇게 볼 때, 홉스의 자연상태에 대한 구상은 사회상태, 나아가 국가와의 대비를 염두에 둔 장치이며, 사회 및 국가의 기원과 목적에 대한 새로운 설명을 가능하게 하는 포석임을 짐작할 수 있다.

　인간이 본성적으로 사회를 이루고 살 수밖에 없는 존재가 아니라 애초에는 각자 흩어져 오로지 자기 보존의 목적에만 충실한 채 타인과는 적대적으로만 관계하는 원자적 존재라면, 현재 확립되어 있는 사회상태는 그저 주어진 당연한 것이 아니라 어떻게 생겨나게 되었고, 왜 생겨나게 되었는지 해명해야 하는 것이 된다. 즉 홉스의 자연상태에 관한 논의는 사회상태와 국가가 인류의 시작과 함께 자연스럽게 혹은 신의 뜻에 의해 당연하게 주어진 것이 아니라 인간들의 특별한 노력과 의지에 의해 만들어진 인위적 구성물임을 주장하기 위한 이론적 가정으로서 등장한다. 그런데 자기 보존을 존재의 궁극적 목적으로 하는 원자적 개인들이 함께 모여 사회를 이루기로 했을 때는 그럴 만한 이유가 있게 마련이다. 그 이유는 너무나 명백하다. 인간이 자기 보존이라는 존재의 목적을 달성하기에 자연상태는 조금도 적합하지 않기 때문이다.

홉스가 지적하는 자연상태의 가장 큰 단점은 인간이 항상 폭력에 노출되어 있으며, 따라서 끊임없이 죽음의 공포에 시달려야 한다는 것이었다. 그러니 자연상태를 벗어나기로 한다면 그 최대의 목적은 공포에서 해방되고 안전을 보장받기 위함이다. 다시 말해, 홉스에게 사회의 목적은 인간들에게 안전한 환경을 확보해주는 것이다. 그런데 홉스의 자연상태가 안전이 항시적으로 위협받는 '만인에 대한 만인의 투쟁 상태'로 그려지게 된 가장 큰 요인이 무엇인가? "그들 모두를 두렵게 하는 공통의 힘"이 없을 때 인간은 전쟁상태에 돌입하고 만다는 홉스의 설명은 기본적으로 인간 본성에 대한 그의 부정적인 시각과 밀접하게 관련되어 있다. 홉스는 인간의 본성 자체에 세 가지 주된 분쟁의 원인이 있다고 본다. 경쟁심과 자신감 결여, 명예욕이 그것이다.

경쟁심은 사람들로 하여금 무언가를 얻기 위해 타인을 침략하게 만들며, 자신감의 결여는 안전을 위해, 명예욕은 명성을 위해 타인을 침략하게 만든다. 경쟁심은 그들 자신을 타인의 인신과 그들의 아내, 자녀 및 가축의 주인으로 만들기 위해 폭력을 사용한다. 자신감의 결여는 자신을 방어하기 위해 폭력을 사용하고, 명예욕은 한마디 말이나 눈웃음, 상이한 의견과 그밖에 자신에 대해 보이는 어떤 다른 과소평가를 눈치 채는 일 등과 같은 사소한 것들로 인해 폭력을 사용한다.

『리바이어던』 제13장

홉스는 인간이 결코 자기가 이미 가지고 있는 것에 오랫동안 만족할 수가 없으며, "남보다 뛰어나다는 사실 이외에는 어떤 것에도 결코 기쁨을 느낄 수 없는" 존재라고 본다. 그에 따르면, 인생은 여러 가지의 목적을 위해서 "최고가 되는 것 이외에는 어떤 다른 목표나 영광도 없다고 생각하지 않으면 안 되는" 경주에 비견할 수 있다. 따라서 이러한 인간 존재들이 일정한 공간 안에 함께 놓여 자기 보존을 필사적으로 추구하는 자연상태가 항시적으로 전쟁상태인 것은 너무도 당연하다. 그런데 문제는, 인간의 본성이 홀연히 변화하지 않는 바에야 자연상태를 벗어나 사회를 이룬다고 해서 무조건 안전이 보장되지는 않는다는 사실이다. 이로써 홉스가 상상한 공포의 자연상태는 단순히 사회와 국가의 기원 및 목적을 제시하는 이론적 장치일 뿐만 아니라 국가가 사회 구성원 모두를 두렵게 하는 공통의 힘, 다시 말해 '리바이어던'으로 등장하는 것을 정당화하는 논리적 근거가 된다. 자연상태의 공포를 종식시키고 사회 수립의 가장 큰 목적인 안전을 보장하기 위해서 국가는 그 구성원 모두를 굴복시킬 수 있는 최대의 권력, 곧 주권적 힘을 발휘할 수 있어야만 하는 것이다.

그런데 홉스는 자연상태가 단순한 이론적 가정이나 신화가 아니라 역사적 실재이기도 하다고 주장한다.

> 전쟁의 시대나 전쟁상태가 결코 존재하지 않았다고 생각될지도 모른다. 내가 세계 모든 곳에서 그러한 상태가 존재했다고 믿는 것은 결코 아니다. 하지만 지금도 전쟁상태로 사는 곳이 많다. 아메리카의 많은 지역에서 야만인들은 작은 가족 단위의 통치 형태를 제외하고는 아무런 통치 형태도 갖지 않으며, 앞에서 내가 말한 대로 오늘날에도 야만적인 방식으로 살고 있기 때문이다. 모두를 두렵게 할 공통의 힘이 존재하지 않는 곳에서 어떤 방식의 삶이 펼쳐질 것인가 하는 점은 이전에 평화로운 정부 아래 살았던 사람들이 내전을 겪는 와중에 빠져들곤 했던 삶의 방식을 통해 감지할 수 있을 것이다. 설사 개별 인간들이 서로에 대해 전쟁상태에 있었던 시대가 결코 존재하지 않았다고 하더라도 모든 시대에 왕이나 주권적 권위의 위치에 있었던 사람은 그들의 독립성 때문에 계속해서 경계의 상태에 있으며 무기를 겨누고 서로에게 눈을 떼지 않는 검투사의 자세로 있다.
>
> 『리바이어던』 제13장

위의 글로 보건대, 홉스가 자연상태를 공포의 전쟁상태로 묘사한 것은 비단 인간 본성에 대한 그의 비관적인 생각 때문만은 아니었다고 할 수 있다. 당시 선교사들이나 식민지 개척자들을 통해 보고되었던 아메리카에 대한 정보, 시민전쟁의 혼란에 빠져들었던 영국 내 사정 및 이와 관련한 자신의 개인적인 경험, 16~17세기 유럽의 물고 물리는 국제 관계 등이 그의 자연상태 구상에 영향을 미쳤던 것 같다. 물론 자연상태에 대한 그의 논의는 사람들이 자연상태에서 벗어나기를 도모할 수 있는 충분한 시간 동안 전쟁상태를 멈추고 평화적으로 모이는 것이 가능한가 하는 이론상의 난점뿐만 아니라, 아메리카를 자연상태로 규정하는 서구중심적인 편견과 당시 국내외 상황을 주관적으로 과장되게 인식하고 있다는 현실적인 문제점까지 안고 있다. 하지만 이와 같은 자연상태의 설정을 통해 홉스가 사회 및 국가의 기원과 목적에 대한 근대적 설명을 시도할 수 있었다는 점은 분명하다. 그러면 이제 그가 제시한 사회 및 국가의 기원과 목적이 구체적으로 어떠한 것이었는지 살펴보기로 하자.

계약을!
사회계약을!

어떤 정치 조직이나 공동체의 기원을 '계약'으로 설명하는 발상이 홉스에게서 처음 나타나는 것은 아니다. 홉스 이전에 이미 그로티우스$^{Hugo Grotius,}$ 1583~1645 의 저작에서 계약에 관한 논의를 찾아볼 수 있고, 훨씬 오래전에 이스라엘 민족은 신과의 계약 관념에 입각하여 선민사

상을 발전시켰다. 그런데 많은 경우 홉스를 근대 계약론의 시조로 인정한다. 그렇다면 그의 계약론의 독창성은 어디에 있는 걸까? 홉스의 계약론은 어떤 점에서 '근대적'이며, 또 그것이 가지는 구체적인 의의는 무엇일까?

홉스 계약론의 독창성은 무엇보다 그의 자연상태 개념과 밀접한 관련이 있다. 앞에서 살펴보았듯이, '만인에 대한 만인의 투쟁'으로 요약되는 그의 자연상태는 일체의 공동체 감정이 없으며 어떠한 사회적 관계도 맺지 않은 평등한 개인들이 그들 모두를 두렵게

그로티우스
네덜란드의 법학자이자 신학자. 자연법사상을 토대로 한 그의 저서 『전쟁과 평화의 법』은 근대 국제법의 효시로 평가받는다. 그는 자연법을 신의 계시가 아니라 인간 본성에 바탕을 둔 보편적인 법률이라고 보았는데, 이와 같은 그의 자연법사상은 이후 홉스와 로크에게 중대한 영향을 미치게 된다.

하는 공통의 힘 없이 사는 상태였다. 그리고 자연상태에 관한 이와 같은 그의 논의는 사회상태와 국가의 기원 및 목적을 그 특유의 방식으로 설명하기 위한 이론적 가정이었다. 즉 자연상태로부터 출발한 그의 논의는 본래 사회성을 타고나지 않은 개인들이 자연상태의 폭력과 죽음의 공포를 피하기 위해 사회를 수립하기로 계약을 맺고, 그 결과 리바이어던이 등장하게 된다는 설명으로 나아간다.

이와 같은 홉스의 계약론에서 특징적인 점은, 사회를 발생시키는 계약이 평등한 원자적 개인들의 이성적인 판단과 합리적인

행위의 산물로 제시된다는 것이다. 어떤 한 종족이나 계층과 같은 집단이 아닌 이성적 존재로서의 개인을 계약의 주체로 상정했다는 점에서 홉스의 계약론은 르네상스^{Renaissance}와 종교개혁이래 서양 근대를 특징짓는 '개인의 발견'을 구체적인 형태로 확증한다. 그가 말한 자연상태 속에서 인간은 더 이상 '씨족적 존재'가 아니라 사회적 신분에 따른 여러 가지 제한들로부터 자유로운 인간, 즉 한 사람의 '개인'으로 존재한다. 그리고 그 개인은 저마다 이성을 지닌 존재이고 신체와 정신의 능력 면에서 평등하며 동등한 자연권, 곧 "자신의 생명을 보존하기 위해 스스로 원하는 내로 자기 자신의 힘을 사용할 수 있는 자유"를 갖는다. 그뿐만 아니라 스스로의 이성적 판단에 의해 자연상태를 종식하는 사회계약에 나선다. 아직 개(체)성에 대한 본격적인 논의를 전개하는 수준은 아니지만, 이처럼 자연상태의 설정을 통해 근대적 주체로서의 개인을 명확하게 부각시켰다는 점에서 홉스 계약론의 근대적 의의가 있다.

여기서 홉스가 자연상태의 개인, 곧 근대적 주체로서의 개인에게 부여한 가장 큰 특징은 '이성'이다. 자기 자신의 보존만을 궁극적 목적으로 여기며 원자적으로 존재하는 개인들이 자연상태의 불안과 공포에서 벗어나고자 사회계약을 맺는 데 이를 수 있는 것은 무엇보다 그들이 이성을 지닌 존재이기 때문이다.

인간은 자연상태로부터 빠져나올 수 있는 가능성이 있는데, 그러한 가능성의 일부는 정념에, 일부는 그의 이성에서 비롯된다. 사람들로 하여금 평화를 지향하도록 하는 정념은 죽음에 대한 공포와 편리한 생활을 위해 필요한 것들에 대한 욕망, 그리고 자신들의 노력에 의해서 그것을 손에 넣으려는 희망이다. 또한 이성은 사람들이 동의에 이를 수 있는 적절한 평화의 조항들을 제안한다.

『리바이어던』제13장

자연상태의 폭력과 죽음에 대한 공포, 또 폭력적 죽음에 대한 공포가 클수록 더욱 강해지는 생존을 향한 욕망이라는 정념은 개인들로 하여금 평화를 추구하게 만드는 요인이 된다. 그리고 평화를 지향하게 된 인간은 자연으로부터 부여받은 평화의 조항들을 인식할 수 있는 이성의 도움으로 사회계약을 맺는 데 동의하게 된다.

이성적 존재인 인간은 '정치적 동물'로서의 본성을 타고나지 않아도, 또한 신의 명령이 아니라고 하더라도 사회를 이루고 살수 있다. 이성이 자연법을 인식할 수 있도록 하기 때문이다. 여기서 자연법이란 "이성에 의해 발견되는 법칙 또는 일반적인 규칙"이다. 그는 『리바이어던』제14장에서 이성에 의해 발견되는 자연법을 다음과 같이 정리한다.

제1자연법 평화를 추구하고 따르라.
제2자연법 평화와 자기 보호를 위해 필요하다고 생각하는 한, 다른 사람도 그렇게 할 때 모든 것에 대해 갖는 자연권을 포기하고 자신이 다른 사람에게 허용한 만큼의 자유를 갖는 데 만족하라.

여기서 제2자연법은 평화를 달성하는 구체적인 방법을 보여 준다. 즉 자신의 이성을 통해 평화를 추구하고 따르도록 명령하는 제1자연법을 인식한 개인은 다른 사람들도 모두 그렇게 할 것이라는 상호 의지에 입각하여 그의 자연권을 자발적으로 제한한다. 바로 이것이 자연상태에서 벗어나 평화에 이를 수 있는 적절한 방법, 곧 사회계약이 된다.

홉스는 이 계약을 "권리의 상호 양도"로 간명하게 정의한다. 그는 자연상태에서 인간이 "자신의 생명을 보존하기 위해 스스로 원하는 대로 자신의 힘을 사용할 수 있는 자유"로 정의되는 자연권을 갖는다고 보았는데, 사회를 이루기로 하는 계약은 바로 그러한 권리의 포기 혹은 양도를 의미한다는 것이다. 그러나 물론 "인간이 자신의 자연적 권리를 포기하거나 양도하는 경우란 그 자신에게 반대급부로 돌아오는 어떤 권리를 고려해서이거나 아니면 그렇게 함으로써 그가 희망하는 어떤 다른 이익을 얻을 수 있을 때"이다. 따라서 홉스가 이끄는 사회계약의 결과 어떤 일이 벌어질지를 알기 위해서는 각 개인이 계약 과정에서 잃게 되는 것과 계약을 통해 얻게 되는 것에 대해 따져볼 필요가 있다.

사회계약으로 잃는 것과 얻는 것

우선 "권리의 상호 양도"로 정의되는 계약 과정에서, 계약 당사자들은 자신의 판단과 이성에 따라 생명을 보존하기 위해 가장 적합한 수단이라고 생각하는 일을 행할 수 있는 자연적 권리를 잃게 되

며, 계약 이후 각 개인은 자신과 관련된 사안에 대한 유일하고 정당한 재판관으로서의 자격을 잃는다. 또한 생존을 위해 필요하다고 생각되는 일을 마음대로 할 수 없으며, 자신의 힘을 마음껏 휘두를 수 있는 자유도 제한받는다. 홉스는 자연상태에서 "모든 인간은 모든 것에 대해, 심지어 서로의 신체에 대해서까지도 권리를 갖는다"고 보았으므로, 그가 구상하는 사회계약의 과정에서 각 개인은, 다른 사람도 그렇게 한다는 전제하에, 사실상 모든 권리를 포기 혹은 양도하는 셈이 된다.

얼핏 듣기에 "모든 것에 대한 권리를 잃는다"는 말은 홉스적 계약을 통해 각 개인이 엄청난 상실을 경험하게 될 것으로 상상하게 한다. 그러나 곰곰이 따져보면 꼭 그렇지만도 않다. 왜냐하면 어차피 홉스가 설정한 자연상태에서는 생산 활동도 소유도 없고, 학문이나 예술, 심지어 정의·불의도 없기 때문이다. 자신의 권리를 포기하거나 양도한다고 할 때, 어떤 사람이 자신의 것으로 미리 가지고 있지 않은 권리에 대해 그렇게 할 수는 없다. 다시 말해, 홉스의 자연상태에서 각 개인이 노동권, 소유권, 지적 재산권, 학문 및 예술의 자유 등을 갖고 있지 않았다면 사회계약의 과정에서 그러한 권리를 잃는다고 말하는 것은 어불성설이다. 그의 논의에서 그러한 권리는, 자연권이라기보다 계약 이후 리바이어던에 의해 부여되는 '사회적' 권리라고 할 수 있다.

이렇게 본다면, 각 개인이 사회계약을 맺으면서 잃게 되는 것은 자신의 생명을 보호하기 위해 가장 적합하다고 판단되는 수단을 언제 어느 때고 사용할 수 있는 자유와 관련한 권리들로서 그 구체적인 내용 혹은 속성이 상당히 단순하다. 요컨대 사회계약에 참여함으로써 '모든 것에 대해 갖는 자연권'을 포기한다고 하지만, 정작 홉스적 계약을 통해 개인이 맛보게 되는 상실감은 그다지 클 것 같지 않다. 계약 이후 다시 자연상태가 그리워질 만큼 많은 권리를 자연상태에서 누리고 있지 않았고, 따라서 계약을 후회할 정도로 많은 권리 포기가 계약 과정에 수반되지 않기 때문이다.

한편 계약을 통해 얻는 것으로는 우선 계약의 목적인 평화와 안전을 들 수 있다. 계약을 통해 발생하는 사회상태가 자연상태와 다른 점은 더 이상 폭력과 죽음에 대한 공포에 항시적으로 직면하지 않아도 된다는 것이다. 모든 사람이 모든 것에 대해 갖고 있는, 그리하여 자의적으로 언제든 행사할 수 있는 권리를 계약 과정에서 동시에 포기 혹은 양도했으므로 그들 서로를 전쟁상태에 있게 했던 불신과 불안이 사회상태에서는 사라지기 때문이다. 하지만 문제가 그리 간단한 것은 아니다. 홉스에 따르면, 인간은 본성적으로 분쟁의 요소를 지니고 있는 존재다. 계약의 과정을 거치는 동안 그러한 인간 본성이 전면적으로 바뀌지 않는한 단순히 계약을 맺었다는 사실만으로 평화와 안전이 보장되지는 않을 것이다. 사회계약이란 그 성격상 계약 내용을 그 자리에서 당장 이행하고 끝나는 것이 아니다. 사회계약은 현재에는 물론 먼 장래에도 계약의 내용이 이행되리라는 계약 당사자들 간의 신뢰를 필요로 한다. 그런데 홉스적 자연상태에서의 개인들이 단순히 계약을 맺었다고 해서 순순히 상대방을 믿을 수 있겠는가? 본성이 변한 것도 아닌데 그들이 과연, 당장은 몰라도 지속적으로, 계약의 내용을 성실히 이행하겠는가? 도대체 뭘 믿고

사회상태에서 평화와 안전을 낙관할 수 있는가?

홉스 역시 이 점을 모르지 않았다. 하지만 그는 인간 본성의 변화 가능성에서 희망을 찾는 대신 "자연법을 준수하고 그들이 맺은 계약을 이행하도록 그들을 두렵게 하고 처벌에 대한 공포로 그들을 옭아매는 가시적인 힘"에서 가능성을 본다.

> 그 법을 준수하도록 만드는 모종의 권력에 대한 공포를 수반하지 않는 자연법은 우리를 편파성, 자만심, 복수심 등과 유사한 감정으로 몰고 가는 본성적인 정념과 상반된다. 칼에 의해 뒷받침되지 않는 계약은 단지 말에 불과하며, 사람을 구속할 수 있는 아무런 힘도 갖지 못하는 법이다. 그러므로 자연법에도 불구하고, 어떠한 힘도 수립되지 않거나 또는 힘이 수립되었어도 우리의 안전을 확보하는 데 충분하지 않다면, 모든 사람은 다른 모든 사람에 대한 경계심 때문에 합법적으로 자신의 힘과 기량에 의존하고자 할 것이다.
>
> 『리바이어던』 제17장

이렇듯 홉스는 단순히 계약 자체에 의해 평화로운 사회가 확보되고 자연상태와는 비교할 수 없을 정도로 개인의 안전이 보장된다고 보지 않았다. 계약에 참여한 당사자들을 두렵게 하며 계약의 내용을 이행하도록 강제할 수 있는 강력한 힘이 수립되어야만 가능하다고 생각한 것이다. 이것이 바로 홉스의 국가, 곧 '리바이어던'의 탄생이다. 따라서 홉스적 자연상태의 개인이 계약을 맺음으로써 얻게 되는 것은 무엇보다 '리바이어던'이라 할 수 있다.

리바이어던의 탄생

결국 "권리의 상호 양도"로 정의된 홉스의 계약은 계약 당사자들이 자신들의 자연적 권리를 '리바이어던', 다시 말해 그들 모두를 두렵게 하며 결국 계약의 내용을 이행하도록 강제할 수 있는 강력한 힘에 양도하기로 하는 것이다. 이 부분에 대해서 홉스의 설명을 직접 들어보자.

> 이것은 동의나 합의 이상의 것이다. 그것은 동일한 하나의 인격 안에서 이루어지는 그들 모두의 진정한 통일이고, 모든 사람이 다른 모든 사람과 각각 체결하는 계약에 의해 형성된다. 이는 마치 모든 사람이 모든 사람에게 "나는 당신 또한 그에게 당신의 권리를 양도하고, 그의 모든 행위를 같은 방식으로 승인한다는 조건하에서 나 또한 나 자신을 통치하는 나의 권리를 포기하고 그에게 또는 그 집단에 권한을 부여한다"라고 말하는 것과 마찬가지다.
>
> 『리바이어던』 제17장

여기서 모든 사람의 권리를 양도받은 그 혹은 그 집단이 바로 리바이어던이다. 그리고 홉스는 이 리바이어던이라는 개념을 통해 그의 새로운 국가를 상징한다.

> 〔이러한 계약의 결과〕 하나로 통일된 다수를 국가라고 부른다. 이것이 바로 저 위대한 리바이어던 또는(좀 더 경건하게 말해서) 가사^{可死}의 하느님^{mortal God}의 탄생으로서, 우리는 불사^{不死}의 하느

님^{immortal God}의 가호 아래서 우리의 평화와 방위를 그에게 의탁
한다.

『리바이어던』 제17장

이제 홉스가 설명하는 국가의 기원은 분명하다. 자연상태의
공포를 극복하고 평화와 안전을 얻고자 하는 개인들이 서로 자
연적 권리를 내려놓고 그들의 권리를 한 몸에 양도받은 사람 혹
은 사람들의 집단의 구속을 받아들이기로 합의하는 데서 국가가
발생하게 되는 것이다. 즉 국가는 국가 이전에 이미 존재했던 개
인들이 맺은 계약의 결과로서, 인위적인 구성물이다. 그러므로
국가의 정당성과 통치권의 근원은 어디까지나 그것을 있게 한
개인들에게 있다.

그런데 홉스는 왜 하필 그가 설명하고자 하는 국가를 리바이
어던이라는 무시무시한 단어로 표현했을까? 그가 설명하는 국
가의 새로운 면모를 이해하기 위해서는 우선 리바이어던이 어떤
존재인지 자세히 살펴볼 필요가 있다. 잘 알려져 있다시피, '리
바이어던'의 출처는 『구약성서』「욥기」다. 「욥기」 41장에서는 리
바이어던을 다음과 같이 묘사하고 있다.

…… 누가 그것의 턱을 벌릴 수 있겠느냐? 빙 둘러 돋아 있는
이빨은 보기만 해도 소름이 끼친다. 등 비늘은 그것이 자랑할
만한 것, 빽빽하게 짜여 있어서 돌처럼 단단하다. 그 비늘 하
나하나가 서로 이어 있어서 그 틈으로는 바람도 들어가지 못
한다. …… 재채기를 하면 불빛이 번쩍거리고 눈을 뜨면 그 눈

▲ 『리바이어던』 속표지와 『구약성서』 「욥기」에 등장하는 리바이어던의 모습.

꺼풀이 치켜 올라가는 모양이 동이 트는 것과 같다. 입에서는 횃불이 나오고 불똥이 튄다. …… 목에는 억센 힘이 들어 있어서 보는 사람마다 겁에 질리고 만다. 살갗은 쇠로 입힌 듯이 연한 곳이 전혀 없다. 심장이 돌처럼 단단한데 그 단단하기가 맷돌 아래짝과 같다. …… 땅 위에는 그것과 겨룰 만한 것이 없으며, 그것은 처음부터 겁이 없는 것으로 지음을 받았다. 모든 교만한 것들을 우습게 보고, 그 거만한 모든 것 앞에서 왕노릇을 한다.

사실 성서에서 '리바이어던'은 혼돈의 근원이자 야훼 하느님의 적을 상징한다. 하지만 많은 홉스 연구자들은 홉스 자신의 용례에서 리바이어던이 부정적인 이미지를 갖는 것으로 보기는 어렵다고 지적한다. 홉스에게 리바이어던은 국가이고, 국가는 자연상태에서 발생하는 폭력과 전쟁을 불식하고 인간들 사이에 평화와 질서를 확립하는 원천이기 때문이다. 이런 인간 구원의 역할은 하느님에게나 기대할 법한 것인데, 홉스가 리바이어던을 '가사의 하느님'이라고 칭한 것을 보면 그가 국가에 얼마나 큰 역할을 기대하고 얼마나 대단한 희망을 품었는지 짐작이 간다.

천하무적 리바이어던

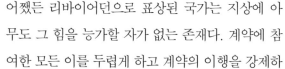

어쨌든 리바이어던으로 표상된 국가는 지상에 아무도 그 힘을 능가할 자가 없는 존재다. 계약에 참여한 모든 이를 두렵게 하고 계약의 이행을 강제하며 그들 모두의 생존을 보장해줄 수 있는 절대권력의 소유자인 것이다. 여기서 그의 권력이 절대적이라 함은 그것이 무제한적이고 독점적이라는 의미에서이다. 즉 리바이어던의 권력은 원리상 개인들의 삶과 행위의 모든 영역을 통제한다는 점에서 무제한적이고, 그의 권력과 겨룰 만한 그 어떤 정치권력도 존재할 수 없다는 의미에서 독점적이다. 물론 그가 이러한 절대권력을 소유하게 된 것은 계약에 참여한 모든 개개의 인간이 그에게 자신의 모든 힘과 권위를 부여했기 때문이다. 그는 사회계약의 결과 그에게 주어진 그토록 많은 권력을 사용하여 외적의 침입과 그들 상호 간의 침해로부터 계약에 참여한 모든 사람들을 보호하고, 나아가 사람들이 안심하고 일하며 노동의 결실을 향유하고 만족스럽게 살아갈 수 있는 안전한 환경을 제공한다.

이제 홉스는 국가를 다음과 같이 간명하게 정의한다.

모든 사람의 권리를
양도받은 리바이어던은
절대적 권리와 힘을 갖고 있는
새로운 국가를 상징하지.

국가는 다수의 사람들이 그들 상호간의 계약에 의해 창조한
하나의 인격으로서, 다수 사람들의 평화와 공동의 방어를 위
해 편리하다고 생각하는 대로 그들의 힘과 수단을 끝까지 사
용할 수 있다.

『리바이어던』 제17장

그리고 그는 이러한 인격의 담지자가 "주권자라고 불리며, 주
권을 가지고 있다고 일컬어진다"고 말한다. 그러면 사회계약 후
계약 당사자들은 뭐라고 불리게 될까? 홉스는 이렇게 대답한다.
주권자를 제외한 "그 밖의 다른 모든 사람들은 그의 신민이다."

『리바이어던』에서 홉스는 '주권'을 '인격'이라 칭하고 남성 일반을 나타내는 대명사 'he'로 표현하지만, 그가 사용하는 '주권' 개념은 일차적으로 제도를 가리키는 말이다. 그에 따르면, 주권이 한 개인에게 부여되어 있을 때 그러한 정치체는 군주정이라고 불리며, 주권이 일부 사람들의 집단에 부여되어 있을 때는 귀족정, 전체 인민에 부여되어 있을 때는 민주정이 된다. 즉 '주권자'가 어떤 한 개인과 합치되는 경우는 특수한 상황에 해당한다. 그러나 물론 군주정에서 주권자인 왕도 주권 그 자체와는 구분된다. 사회계약의 결과로 발생하는 군주정에서 왕은 주권의 원천이 아니라 이미 창출된 주권의 담지자에 불과하다. 홉스가 이상적인 국가 형태로 선호한 것이 군주정이기는 하지만, 그때 '왕'이라는 개인적 인격체는 더 이상 국가 그 자체와 동일시되지 않으며, 계약의 결과 확립된 국가의 통치자일 뿐이라는 점에서 당시 영국의 왕당파들이 옹호한 군주정과는 성격이 달랐다.

리바이어던으로 지칭된 국가의 주권 및 주권자가 갖는 권리는 실로 대단하다. 「욥기」의 표현 그대로 '천하무적' 리바이어던이라 할 만하다. 이에 관한 홉스의 논의를 간단히 요약하면 다음과 같이 정리할 수 있다.

1 신민은 통치 형태를 변경할 수 없다.
2 주권은 몰수될 수 없다.
3 어느 누구든 다수에 의해 선언된 주권자의 제도에 항의하는 것은 정의롭지 않다.

4 주권자의 행위에 대해 신민은 정당하게 제소할 수 없다.

5 주권자가 무엇을 하든 신민이 처벌할 수 없다.

6 주권자는 신민의 평화와 방위에 필요한 사안에 대한 판단자다.

7 모든 사람이 각자 다른 동료 신민들에 의해 괴롭힘을 당하지 않고 어떤 재화를 향유하며 어떤 행동을 할 수 있는지 알 수 있도록 하는 규칙 제정의 전권(全權)이 주권자에게 부여된다.

8 모든 사법권과 분쟁 해결권 역시 주권자에게 속한다.

9 주권자는 그가 최선이라고 생각하는 바에 따라 전쟁과 강화(講和)를 할 수 있는 권리를 갖는다.

10 주권자에게는 전쟁과 평화 문제에 관한 자문관과 장관을 선택할 권리가 추가된다.

11 주권자는 상벌권과 (그 기준을 결정하는 어떠한 선행법도 존재하지 않는 곳에서는) 그것을 임의로 행사할 권리를 갖는다.

12 주권자는 명예 및 훈장 수여권을 갖는다.

게다가 그에 따르면, 주권 및 주권자의 이러한 권리들은 분리 혹은 분할할 수 없는 것이며, 주권자가 직접 포기하지 않는 한 결코 양도되어 사라질 수도 없는 것이다. 홉스가 주권에 부여한 이 두 가지 특성, 곧 단일성과 철회 불가능성은 앞으로 그의 리바이어던을 로크의 대의정부와 비교하여 이해하는 데 특히 중요하므로 주목을 요한다.

그런데 리바이어던에 관한 홉스의 논의를 따라가다 보면 불현듯 이런 걱정이 생긴다. 사회계약에 참여한 이들의 모든 권력과 힘을 한 인물 또는 합의체에 부여하고, 그렇게 함으로써 생겨난 주권이 어떠한 견제 장치도 없이 분할도 철회도 불가능하다면, 그때의 리바이어던을 과연 안심하고 믿을 수 있을까? 자연상태의 공포와 불안을 떨치기 위해 계약을 맺었는데, 계약의 결과 들어가게 되는 리바이어던하의 사회상태가 오히려 더 공포스러운 것은 아닐까? 자연상태에서와 같은 개인들 상호 간의 폭력과 전쟁은 사라진 대신 리바이어던에게서 더 치명적인 폭력과 위협을 당하게 되지는 않을까?

하지만 이런 문제에 대해 홉스 자신은 천연덕스럽기만 하다. 오히려 그는 "주권은 그것이 결여되어 있는 것만큼 유해하지는 않으며, 그 유해함은 대체로 다수가 소수인 주권자에게 기꺼이 복종하지 않는 데서 발생한다"고 말한다. 홉스의 이런 판단은 어디서 유래하는 걸까? 그러한 판단은 과연 정당할까?

리바이어던은 위험하지 않을까?

결론부터 말하자면, 이 문제에 대해 홉스는 진지하게 생각을 발전시키기보다 단순히 낙관했던 것 같다. 그 이유를 몇 가지로 추측해볼 수 있다. 첫째로, 리바이어던이 발생하게 된 기원의 특성 때문일 수 있다. 홉스는 다음과 같이 설명한 바 있다.

외적의 침입과 상호 간의 침해로부터 사람들을 방어할 수 있도록 하는, 그리하여 사람들이 그들 자신의 노력과 지상의 산물로 스스로를 먹여 살리며 만족스럽게 살도록 하는 그러한 공통된 권력을 설립하는 유일한 방도는 그들의 모든 권력과 힘을 한 인물 또는 한 합의체에게 부여함으로써 그들 모두의 의지를

다수의 소리에 의해 하나의 의지로 결집시키는 것이다. 곧 그
것은 한 인물 또는 한 합의체를 지명하여 그들의 인격을 대변
하게 만드는 것이며, 그리하여 그들의 인격을 대표하는 자가
공동의 평화와 안전에 관련된 영역에서 행한 것 또는 행하도록
초래한 것이 무엇이든 그들 각자가 그렇게 한 장본인^{author}임을
스스로 시인하고 인정하는 것에 해당한다. 그리고 그러한 범위
내에서 사람들은 각각 자신들의 의지를 그의 의지에, 자신들의
판단을 그의 판단에 복종시키는 것이다.

『리바이어던』제17장

위 인용문의 맥락에서 '(행위의) 장본인'으로 옮긴 'author'는
홉스의 용례에서 그 상관어인 'actor', 곧 '행위자'와 연관 지어
이해할 필요가 있다. 어떤 '행위^{action}'를 실제로 직접 수행하는 자
를 '행위자^{actor}'라고 해보자. 그런데 그 행위는 기원을 추적해볼
때 그 행위자 자신(편의상 '갑'으로 칭하자)에 의해 유발된 것일 수
도 있고 그 자신이 아닌 다른 어떤 사람이나 사물(편의상 '을'로
칭하자)에 의해 유발된 것일 수도 있다. 바로 이 행위의 궁극적
발원자를 '(행위의) 장본인'이라고 부를 수 있을 텐데, 전자의 경
우는 행위자와 행위의 장본인이 같고, 후자의 경우 행위자는
'갑', 행위의 장본인은 '을'이라 할 수 있다.

홉스가 그의 저작에서 드라마나 연극을 언급한 경우는 거의
없고 또 연극이 당대인들에게 대단히 환영받은 장르가 아니었다
는 점을 고려하면, 그가 행위자와 행위의 장본인이라는 이 두 용
어를 사용하면서 일차적으로 드라마 예술에서의 용법을 염두에

두었다고 단언하기는 어려울 것이다. 하지만 연극 비유는 그가 말하려는 바와 잘 맞아떨어진다. 무대 위의 'actor(배우)'는 희곡의 'author(작가)'가 쓴 대사와 지문대로 'action(연기)'하는데, 이때 actor의 action은 actor가 수행하고 있는 것이지만 궁극적으로 그 action을 유발한 대사와 지문은 author의 것이라고 할 수 있다.

이러한 논리의 연장선상에서, 홉스가 보기에 리바이어던은 actor이다. 리바이어던은 그의 신민들의 'authorization(승인 혹은 권위 부여)'에 의거해서, 그들을 대신하여 행위한다. 그리고 신민은 주권자가 행하는 행위의 author가 된다.

이런 방식의 설명을 통해 홉스가 의도한 것은 일차적으로 리바이어던이 어떻게 정당한 권위를 갖게 되는가를 보여주는 것이다. 그런데 다른 한편 이런 설명은 actor인 리바이어던이 그 자신을 있게 한 author의 의지와 전혀 무관하게 혹은 그것에 반하여 행위할 가능성을 제한하기도 한다. 원천적으로 리바이어던은, 아무리 무소불위의 힘을 가지고 있다고 하더라도, 그 자신을 탄생시킨 계약의 목적을 무시할 수 없다. 그는 자신의 막강한 힘을 그에게 맡겨진 임무, 곧 "외적의 침입과 상호 간의 침해로부터 (사회계약에 참여한) 사람들을 방어하고, 그들이 자신의 노력과 지상의 산물로 스스로를 먹여 살리며 만족스럽게 살 수 있도록" 해야 할 임무를 완수하는 데 쓰게 되어 있다.

따라서 홉스는 리바이어던을 천하무적의 존재로 만드는 데 별다른 위협을 느끼지 않았던 것 같다. 국가 대 교회, 왕당파 대 의회파, 신교 대 구교 간의 피비린내 나는 대결로 점철되었던 당시 영국 안팎의 혼란한 상황을 공포 속에서 겪어야 했던 홉스의 입장에서, 개인의 생명과 안전을 위협하는 중대한 요인은 국가 혹은 정치권력 그 자체라기보다 본성적으로 분쟁의 소지를 안고 있어 상호 간에 항시 전쟁상태로 돌입할 준비가 되어 있는 인간들 자신이었다. 정치권력은, 신민들의 안전 보장을 목적으로 신민들의 동의에 의해 부여된 것인 한, 그러한 인간들 사이에 평화를 조성하고 공동의 이익을 도모할 것이었다.

그러므로 홉스는 국가 주권에 제한을 가하기보다 주권자의 권한을 좀더 강력한 것으로 만드는 데 관심을 기울인다. 자연상태라는 공포의 상황에서 개인들이 사회계약을 맺을 때, 리바이어던을 수립하기로 하는 그들의 동의는 마치 백지수표를 맡기는 것과 같이 모든 것을 일임하는 동의다. actor로서의 리바이어던에게 author인 자기들을 대신하여, 평화와 안전을 위해서라면 무엇이든지 행하도록 승인하는 것이다. 이제 리바이어던은 하려고만 한다면 거의 무엇이든 할 수 있다. 앞 절에서 살펴보았듯이, 그의 수중에는 상벌권과 명예 및 훈장을 주거나 박탈할 수 있는 권력이 있다. 그 나라의 관습은 관행 및 보통법과 함께 주권자가 허용하는 범위 안에서만 계속 효력을 갖는다. 재산의 소유와 유산에 대한 규제력 역시 그의 수중에 있다. 그는 심지어 어떤 책을 출판해야 하며 어떤 것을 대학에서 가르쳐야 하는가를 칙령으로 내릴 권력까지도 갖고 있다. 사회상태에서 모든 것은 전적으로 주권자의 의사결정권 아래 포섭된다.

신민은 원칙적으로 이러한 주권자에 대해 불평할 아무런 권리가 없다. 그가 행하는 모든 행위는 권리의 양도로 인해서 나의 행위가 된다. 심지어 그가 나를 비난하고 사형에 처한다고 해도, 이 경우에 나를 처형하는 장본인은 바로 나이므로 나는 그의 의지와 판단에 내 의지와 판단을 복종시켜야 하는 것이다. 이런 역설은 내가 주권자의 모든 행위를 정당한 것으로 승인하는 계약을 자발적으로 체결했다는 사실의 필연적 귀결이다. 흔히 홉스가 전제군주를 옹호한 절대주의 사상가로 평가되는 이유는 그의 논리가 결국 도달하게 되는 이와 같은 결론 때문이다. 그러나 천하무적 리바이어던으로 드러난 일견 유사한 결론에도 불구하고, 그가 군주의 권력에 대한 당대 왕당파들의 전통적인 입장과 상당한 거리를 두고 있었다는 점은 분명하다. 그는 그러한 결론을 원자적 개인들의 계약과 동의라는 아주 다른 전제에서 이끌어냈던 것이다.

리바이어던에게 강력한 힘을 부여하면서도 그것이 개인에게 끼칠 위협에 대해 홉스가 진지하게 고민하지 않았던 또 하나의 이유는 홉스적 사회계약의 특성과 무관하지 않다. 홉스에게 사회계약은 자연상태의 일정한 개인들 사이에서 맺어지는 것으로, 리바이어던은 그 계약의 당사자가 아니라 계약에 참여한 이들이 그들의 필요에 의해 지명 혹은 도입한 제3자이다. 다시 말해, 리바이어던 자신은 이행해야 할 의무를 지는 어떠한 계약도 그의 신민과 맺은 바 없다. 따라서 계약 후 그의 신민, 곧 계약 당사자들이 계약 내용을 성실히 이행하는지 그렇지 않은지 감시하고 계약이 준수되도록 강제하는 존재일지언정 그 자신이 감시를 받아야 하는 존재는 아니다. 만일 리바이어던이 그의 임무를 제대로 수행하는지 감시하고 그에 대해 적절한 안전장치를 수립하고

자 한다면, 사람들은 리바이어던보다 더 강력한 권력을 창조하지 않으면 안 된다. 그러나 그때의 더 강력한 권력 역시 감시가 필요하고 그에 대한 안전장치는 그보다 더 강력한 권력을 또다시 창조해야만이 가능할 것이다. 이런 식으로 보자면, 결국 그 과정은 끝이 없다.

그렇다면 홉스의 리바이어던은 모든 분쟁을 종식하고 평화와 안전을 가져오기 위해 최종적으로 호소할 수 있는 하나의 집중된 권력을 의미하는 것일 수 있다. 홉스는 권력분립을 국가의 약화 또는 해체 요인 가운데 하나로 꼽고 경계했다. 분할된 국가권력은 단일한 의지의 결집과 강력한 실천을 방해할 뿐만 아니라 그것들 사이에 갈등이 발생할 때 가장 치명적인 혼란, 즉 내란을 초래할 수 있기 때문이다. 그리하여 그는 삼권분립 등의 방식으로 국가 주권에 대한 견제와 균형의 장치를 마련하기보다 국가의 통일과 안전한 환경을 제공할 강력한 주권을 선호했다. 리바이어던이 그 한 몸에 전체 신민의 의지를 결집하여 절대적인 힘을 소유하게 된 것은 이러한 연유에서이므로, 그것이 위협 요소로 작용할 가능성에 대해 홉스는 별반 주의를 기울이지 않은 것으로 보인다.

요컨대 문제의 핵심은 정치적인 위협의 근원이 어디에 있다고 보는가 하는 점이다. 홉스 당시와 그 이후의 세대가 주로 문제 삼은 것은 군주 혹은 정부의 자의적인 권력 행사였다. 따라서 입헌주의적 장치를 통해 그것에 제한을 가하는 데 최대의 이론적, 실천적 관심을 두었다.

하지만 홉스의 경우, 그가 주로 주목한 위협 요소는 인간이 본성적으로 지니고 있는 타인에 대한 적의, 그리고 그로부터 비롯되는 동료 인간들에 의한 예측할 수 없는 침해였다. 따라서 그는 개인들의 동의에서 비롯된 강력한 힘을 가진 주권자를 창조하여 계약에 참여한 모든 개인을 그의 신민이 되게 하는 방식으로 해결책을 찾았던 것이다. 그만큼 리바이어던이 개인들에게 해를 끼칠 위험은 없는가 하는 문제는 그다지 홉스의 관심을 끌지 못한다.

리바이어던
지키기

그런데 리바이어던이 위험에 빠지거나 쇠퇴할 가능성은 없는 걸까? 리바이어던이 위험하지 않을까 하는 문제에 대해서는 별 관심이 없던 홉스였지만 이 문제에 대해서는 꼼꼼히 따져보고 대안을 제시했다. 리바이어던의 위기 혹은 파멸은 자연상태의 부활을 의미하는 만큼 홉스에게 이 문제는 초미의 관심사가 아닐 수 없다. 홉스 자신이 리바이어던을 '가사의 신'이라 불렀으니 아무리 막강한 리바이어던이라고 하더라도 언젠가는 종말을 맞는 것이 당연하다. 그러므로 하나의 리바이어던이 자연적 수명을 다하여 다음 리바이어던에 의해 대체되는 것은 홉스가 염려하는 바가 아니다. 리바이어던의 안전과 관련하여 홉스가 주의를 기울이는 것은 자연적 수명과 무관하게 인위적으로 초래되는 리바이어던의 쇠퇴 가능성이다. 그는 특히 이 문제에 관해 『리바이어던』의 한 장 분량을 할애하여 논의하고 있다. "국가를 약화시키거나 해체시키는 원인"으로 그가 지적하고 있는 것들은 다음과 같다.

1 불완전한 인간들이 만든 불완전한 제도, 특히 절대권력의 결여
2 예컨대 "모든 사적 개인이 선악 행위의 판단자다", "사람이 그의 양심에 반하여 한 행위는 무엇이든지 죄다", "신앙과 신성함은 연구하고 이성적으로 추리함으로써 획득되는 것이 아니라 초자연적인 영감으로, 또는 강제적으로 주입함으로써 획득할 수 있다", "주권자도 시민법에 복종해야 한다", "모든 사적 개인은 자신의 재산에 대해 주권자의 권리를 배제하는 절대적 권리가 있다", "주권은 분할될 수 있다" 등과 같은 선동적인 주의주장들이 끼치는 해독
3 이웃 나라의 통치를 모방하려는 태도
4 고대 그리스와 로마의 역사 및 정치 관련 서적을 읽도록 허용하는 것
5 시민적 권위와 영적인 권위를 구분하여 신민들에게 복종해야 할 두 개의 왕국을 제시하는 것
6 둘 이상의 통치 형태를 섞은 혼합정치체제
7 국가 재정, 특히 전쟁을 수행할 때 필요한 재원 조달의 어려움
8 한 개인이나 소수의 사람들에 의한 부의 독점
9 과다하게 인기를 끄는 유력한 신민
10 지나치게 커진 대도시와 군대의 과도한 육성 그리고 과다한 조합
11 정치적 분별력이 없는 사람에게 절대권력에 대항하는 자유를 허용하는 것
12 영토 확장의 야욕과 불필요한 정복, 안일함과 낭비

홉스가 제시하는 이러한 문제점들은 종교분쟁과 시민전쟁을 치열하게 겪고 있던 당시 영국의 상황에 대한 그 자신의 관찰 및 분석 결과와 무관하지 않은 것으로 보인다. 특히 ②와 ④는 전통적인 교회의 가르침이나 당시 새롭게 등장하고 있던 자유주의적 주장들에 대한 그의 비판적인 입장을 잘 보여준다.

여하튼 이런 문제들은 결국 자연상태로의 복귀를 초래하게 될 요인이므로 주의 깊게 대처하지 않을 수 없다. 홉스는 "국가를 약화시키거나 해체시키는 원인"에 대해 논한 다음 장에서 대표적 주권자가 감당해야 할 직무에 대해 상세히 논하는데, 이는 결국 홉스가 국가를 튼튼하게 유지, 보존할 책임이 리바이어던 자신에게 맡겨져 있다고 보았음을 의미한다. '신민의 안전'이라는 국가 수립 최고의 목적을 위해 주권자가 반드시 실행해야 하는 직무로 홉스가 들고 있는 것은 크게 두 가지다. 주권 가운데 일부를 다른 사람 혹은 집단에 양도하거나 방기하지 않고 온전하게 지킬 것, 그리고 신민들이 주권의 본질을 잘 이해할 수 있도록 교육할 것이 이에 해당한다. 즉 홉스가 본 신민은 어디까지나 피치자被治者이며 수동적 객체일 뿐이다.

국가를 형성하는 데 능동적 주체로서 적극 참여했던 개인이 국가 수립 후 단순한 통치의 대상으로 물러나게 되는 것 역시 홉스적 사회계약의 특성과 관련이 있다. 홉스에게 사회계약이란 개인들이 자신이 갖고 있던 지배권을 리바이어던에게 양도하기로 하는 것이다. 그러므로 사회상태에서 개인은, 리바이어던이 행하는 행위의 장본인author으로 자처하고 또 그렇게 인정받을지언정, 직접적인 정치적 행위자는 아니다. 이는 민주주의에 관한 홉스의 입장을 짐작할 수 있는 단초로서, 같은 계약론자 가운데 대의민주주의자로 평가받는 로크나 직접민주주의자로 평가받는 루소Jean-Jacques Rousseau, 1712~1778와 홉스가 첨예하게 갈리는 지점이기도 하다. 이 문제에 관해서는 나중에 좀더 자세히 살펴보기로 하자.

이제 국가·주권자 대 신민의 관계에 관한 홉스의 생각을 어느 정도 살펴본 것 같다. 요컨대 리바이어던으로 상징되는 홉스의 국가는 무소불위의 절대권력이었다. 전제군주에 대한 이론적, 실천적 도전이 가시화되고 군주의 절대권력에 헌법적 제약을 가하기 위한 노력이 혁명적으로 전개되던 상황에서 이러한 홉스의 논의는 시대 조류에 걸맞지 않은 것으로 보였다. 따라서 그는 휘그파로 대변되는 새로운 정치 세력들에게서 환영받지 못했다. 그러나 동시에 홉스는 리바이어던이 지니는 절대권력의 근거가 개인의 동의와 계약이라고 보았다. 이는 군주의 권위를 하느님으로부터 부여된 신성한 것으로 정당화했던 전통적 입장에서 볼 때 부담스러울 정도로 급진적인 생각이었다. 따라서 그는 토리파로 대변되는 구舊정치 세력들로부터도 배척당했다. 그러나 홉스 자신은 이렇게 항변할 법하다. "나는 평화와 안전에 대한 진정한 위협이 국가 그 자체가 아니라, 경쟁심과 명예욕으로 들끓으면서 겁도 많은 인간들로부터 온다는 것을 어느 누구보다도 정확하게 간파했을 뿐"이라고 말이다. 국가는, 왕이나 소수의 귀족들과 같은 인격체와 곧바로 동일시되지 않고 비인격적인 제도로서 확립된다면, 폭력과 무질서의 원인이 아니라 오히려 그러한 문제를 잠재울 수 있는 바람직한 대안이라는 것이 리바이어던으로서의 국가를 제시한 홉스의 기본 생각이었다. 그리고 이로부터 자연상태와 이성적 개인, 동의와 계약에 관한 논의를 발전시켜나갔다. 홉스에게서 국가에 대한 근대적 발상을 엿볼 수 있다면 이 때문일 것이다.

자, 그러면 이제 홉스가 관심을 가졌던 것과 거의 유사한 주제에 대해 홉스와 거의 동시대를 살았던 로크는 얼마나 다른 생각을 하고 있었는지, 왜 그렇게 다른 생각을 하게 되었는지 살펴보도록 하자.

초대 | 만남 | 대화 | 이슈

로크와 혁명의 시대

운명적인 만남

누군가와의 만남이 종종 한 사람의 인생을 운명적으로 결정짓게 되는 경우가 있다. 홉스와 데번셔 백작의 만남이 그러했다면, 오늘날 우리가 기억하는 로크의 운명은 섀프츠베리[1st Earl of Shaftesbury, 1621~1683]와 인연을 맺는 순간 결정되었다고 해도 과언이 아니다. 로크가 훗날 섀프츠베리 백작 1세가 되는 애슐리[Lord Ashley]와 처음 만난 것은 1666년, 그의 나이 34세 때였다. 당시 그는 상당한 정도의 이론적 식견과 임상 경험을 갖춘 의사였다. 하지만 애슐리와 만남으로 인해 로크의 삶은 새로운 전기를 맞으며, 명예혁명을 성공시킨 휘그파의 이론가이자 위대한 경험주의 철학자이며 근대 자유주의의 시조라는 명성을 얻기에 이른다. 도대체 애슐리를 만난 이후 로크에게 무슨 일이 일어났던 것일까? 로크와 애슐리의 인연은 어떻게 시작되었을까?

▲ 로크의 후견인 섀프츠베리와 옥스퍼드의 크라이스트 처치 칼리지

로크는 1632년 여름 영국 서머싯^{Somerset} 주의 한 마을에서 태어 났다. 그의 집안은 종교적으로 청교도적 배경을 가지고 있었으 며, 지방 변호사였던 그의 아버지는 시민전쟁 당시 의회군에서 복무한 경력이 있었다. 웨스트민스터 학교를 거쳐 1652년에 옥 스퍼드의 크라이스트 처치 칼리지에 장학생으로 입학했던 로크 에게 부모가 걸었던 애초의 기대는 성직자가 되는 것이었다. 부 모의 기대에 따라 그는 옥스퍼드에서 그리스어와 히브리어, 아 랍어 문헌을 포함하여 고전을 두루 섭렵했고, 신학과 철학을 공 부했다. 그리고 1659년에는 크라이스트 처치에서 일생 동안 보 유할 수 있는 자격인 장학 연구생으로 선발되었고, 다음 해에는 그리스어 강사가 되었으며, 그 뒤 수사학 강사와 도덕철학의 학 생 주임으로 임명되기도 했다.

그러나 그 시대의 많은 이들처럼 로크 역시 당대 자연과학이 거둔 새로운 경험적 방법의 성공에 깊은 감명을 받았다. 특히 보 일^{Robert Boyle, 1627~1691}·과 친밀한 교분을 나누게 되면서 그는 자신 의 자연과학적 소질을 발견하기 시작했고, 그의 관심은 점차 과학, 특히 의학으로 옮겨 갔다. 그러던 중 17세기의 위대한 의사들 가운데 한 사람이며 전염병 치료의 선구자였던 시드넘Thomas Sydenham, 1624~1689과 함께 일할 기회를 얻게 되었고, 덕분에 그는 의학을 체계적으로 공부할 수 있었을 뿐만 아니라 의사로서의 전문적인 식견도 쌓을 수 있게 되었다. 그리고 로크를 목숨을 건 혁명이론가요, 위대한 정치철학자로서의 삶으로 이끈

보일

영국의 화학자이자 물리학자. 화학에 실험적 방법과 입자철학을 도입하고 '과학으로서의 화학'을 주장함으로써 근대 화학의 아버지로 불린다. 「공기의 탄력과 무게에 관한 학설의 옹호」라는 저서에서 그 유명한 '보일의 법칙'을 발표했다.

시드넘

영국의 히포크라테스로 불리는 저명한 의사이자 의학자. 질병을 자연 속에서 자기의 삶을 영위하는 동·식물과 같은 존재로 인식하는 발상의 전환을 선도함으로써 질병 치료의 새 장을 열었다고 평가받는다.

애슐리와의 만남은 뜻밖에도 바로 그의 의학적 관심과 소질로 인해 찾아왔다.

1666년의 어느 날 애슐리가 애스트롭Astrop의 광천수를 마시기 위해 옥스퍼드를 방문했고, 로크의 친구였던 의사 토머스David Thomas가 애슐리와 친분이 있었던 관계로 우연히 한자리에 어울리게 되었다. 그로부터 얼마 후 애슐리는 간의 종양을 제거하기 위한 큰 수술을 받게 되었고, 이때 로크가 수술 감독을 맡아 그의 목숨을 구하는 데 기여했다. 성공 확률이 낮은 수술이었음에도 불구하고 무사히 완쾌하게 된 애슐리는 그에 대한 답례로 로크에게 애슐리 가의 고문 의사직을 제의했다. 이 제의를 수락하며 런던에 있는 애슐리의 저택으로 거처를 옮긴(1667) 로크는 탁월한 재능과 학식, 그리고 열정으로 애슐리, 즉 섀프츠베리를 사로잡았고, 이로 인해 백작 가문에서 주치의 이상의 역할을 맡

게 되었다. 이로써 그의 운명은 섀프츠베리의 운명과 함께, 그리고 1683년에 섀프츠베리가 죽은 후에는 그가 직접 이끌던 정치 집단인 휘그파의 운명과 함께 부침을 거듭하게 된다.

섀프츠베리는 1667년에서 1683년 사이의 영국 정치 무대에서 극단적인 두 위치를 오간 인물이다. 한때 그는 찰스 2세의 궁정에서 가장 힘 있는 정치적 인물이었다. 그러나 곧이어 궁정에 맞선 정치적 반대파의 지도자로서 급기야 그 궁정을 전복시키려는 혁명 계획에 몰두하기도 했다. 그의 이런 정치 이력은 사상적으로는 물론 경험적으로도 로크에게 중대한 영향을 미쳤다.

1672년에 애슐리가 섀프츠베리 백작의 작위를 받고 대법관이 되었을 때, 로크는 성직록聖職祿 담당 서기에 임명되었다. 이듬해에는 섀프츠베리가 의장으로 있던 무역 및 플랜테이션위원회의 서기가 되었다. 이 자격으로 로크는 '캐롤라이나 정부의 기본 헌법The Fundamental Constitution for the Government of Carolina'을 기초하는 데도 관여했다. 영국이 대내적으로는 전제군주정에서 입헌민주정으로, 또 대외적으로는 제국으로의 혁명적 변화를 겪고 있던 시기에 이처럼 현실 정치를 직접 경험할 수 있는 기회를 가진 것이 이후 로크의 정치철학 형성에 얼마나 큰 영향을 미쳤을지 짐작하기란 어렵지 않다.

섀프츠베리와의 만남을 통해 로크가 얻은 것은 비단 현실 정치에 참여할 기회만은 아니었다. 더욱 중요한 것은, 섀프츠베리와 공유하는 격동적인 시간 속에서 그의 정치적 상상력이 놀랍도록 풍성해졌다는 점이다. 1668년 그의 최초의 경제학 저술에 나타난 경제에 대한 이해도 섀프츠베리와의 교분과 떼어놓고는 생각할 수 없는데, 로크에게 국내 시장과 대외 교역 면에서 영국의 경제적 책임을 이해하도록 가르쳐준 사람 역시 당시 영국 정계의 중심부에 있던 섀프츠베리이기 때문이다. 섀프츠베리와의 대화 속에서 그의 관심사를 공유하는 가운데 로크는 경제적 번영의 조건과 가능성이 국가 통치술의 중심에 놓여야 할 사안이자 한 사회의 공적을 평가하기 위해 기본적으로 고려해야 할 사항이라고 인식하게 되었다. 또한 로크가 관용과 출판의 자유를 이론적, 실천적인 핵심 주제로 삼고 몰두한 것도 섀프츠베리가 그의 정치 인생을 바쳐 복고적인 영국 국교회주의에 맞서며 비국교도에 대한 관용을 지시한 것과 밀접한 관련이 있다. 그리고 '배척법안'을 둘러싼 갈등 과정에서 섀프츠베리가 정치적 정당성의 대의제적 기초를 주장한 것과 로크가 『통치론』에서 개인은 오직 자신의 동의에 의해서만 지배받으며 부당한 권력에 대해서는 저항할 수 있는 권리가 있다고 주장한 것 사이의 연관도 분명하다.

앞으로 살펴보게 될 로크의 정치철학은 섀프츠베리와의 인연을 통해 그가 얻게 된, 정치 세계에 대한 매우 새로운 실천적 비전의 결과였다. 이런 점에서 로크와 섀프츠베리 사이에서 발견되는 연관성은 이론과 실천, 정치사상과 현실 정치의 긴밀한 관계를 극명하게 보여주는 흥미로운 사례라고 할 수 있다.

명예혁명과
로크의 명예

로크가 섀프츠베리의 삶과 밀접히 연루되어 있었던 1667~1683년은 1688년의 명예혁명이라는 정점을 향해 영국의 정치적 격변이 가속화되어가던 시기였다. 그중에서도 섀프츠베리가 관련된 가장 극적인 사건은 1679년부터 4년간 계속된 '배척 위기'였다. 이 시기에 이르러 찰스 2세 정부에 대한 섀프츠베리의 반대는 더욱 격렬해졌는데, 그가 찰스 왕정에 반대하는 전국적인 정치운동을 조직하여 지도하게 된 것도 이 무렵이었다. '휘그'로 불리게 된 그 정치 조직의 목적은 국왕의 권한에 대한 헌법적 제한을 강화하고 선출된 하원의 권리를 보호하며 요크 공 제임스를 왕위 계승에서 배제하는 것이었다. 이 '배척 위기'의 와중에서 로크는 섀프츠베리가 주도한 휘그파의 입장을 정치이론적으로 뒷받침하는 역할을 맡았다. 그리고 그 가시적인 결과가 바로 『통치론^{Two Treatises of Government}』(1690)이다.

로크의 『통치론』은 명예혁명을 옹호하고 다음 세기에 영국 정치를 지배하게 된 휘그당의 원칙을 정당화하기 위해 저술된 것으로 오랫동안 인식되어왔다. 『통치론』이 명예혁명 직후에 출간되었고, 무엇보다 로크 자신이 '서문'에서 명시적으로 이 책이 "위대한 복원자인 현재의 윌리엄 3세의 왕위를 확립하고, 그의 권좌를 인민들의 동의를 통해 유효하게 하며, 국가가 예종^{隸從}과 파탄의 위험에 처했을 때 정당한 자연권에 대한 사랑 및 이를 보존하고자 하는 결의로써 국가를 구한 영국 인민들을 정당화하는 데 충분하기"를 희망한다고 말하고 있기 때문이다. 그러나 오늘날 대부분의 로크 연구가들은 명예혁명과 『통치론』 간의 이러한 관계를 부정한다. 명예혁명은 『통치론』의 중요한 '출판 동기' 가운데 하나일지언정, 로크가 『통치론』을 집필하게 된 주된 '저작 동기'는 아니라는 것이다. 다시 말하면, 『통치론』은 이미 일어난 혁명을 옹호하고 합리화하기 위해 집필된 것이 아니라 오히려 '배척 위기'의 와중에서 혁명을 요구하고 선동하기 위해 집필된 것이라는 주장이다.

　물론 오랫동안 정설로 자리 잡고 있던 해석을 뒤집는다는 것은 쉬운 일이 아니다. 대표적으로 현대 로크 연구의 권위자인 래슬릿^{Peter Laslett, 1915~2001}은 로크와 섀프츠베리 간의 긴밀한 관계, '배척 위기'에 대한 섀프츠베리 및 로크의 관여도에 대한 오랜 연구 결과와 후일 『통치론』으로 출판되는 저술의 초고 대부분을 로크가 적어도 1683년에는 거의 완성했다는 유력한 증거를 제시하며 『통치론』의 집필이 명예혁명이 아니라 '배척 위기'와 관련된 것이라고 주장한 바 있다. 그에 의하면, '배척 위기'의 와중에서 섀프츠베리를 비롯한 휘그파가 의회에 제출한 '배척 위기'가 통과되지 못하는 등 패퇴를 거듭함에 따라 로크는 불온시될 것이 분명한 그 저작을 출판할 수 없었으며, 급기야 자신의 생명에 대한 위협마저 느껴 네덜란드로 망명하지 않을 수 없었다는 것이다.

　로크의 후견인이자 특별한 동반자였던 섀프츠베리의 정치적 운명은 실패로 끝났다. 섀프츠베리는 요크 공 제임스에 반대하며 몬머스 공을 지지했고, 그 일로 인해 네덜란드로 피신했다가 1683년 1월 그곳에서 세상을 떠났다. 상황이 이렇게 되자 섀프츠베리와의 교분이나 정치적 공감이 세간에 널리 알려져 있던 로크 역시 신변의 안전에 위협을 느끼지 않을 수 없었다. 게다가 샤프츠베리와 함께 반反제임스 음모에 가담했던 동료들, 예컨대 에식스1st Earl of Essex나 러셀William Russell, 시드니Algernon Sydney가 라이 하우스 음모˙의 실패로 체포당하는 사건이 발생하면서 사태는 걷잡을 수 없어졌다.

　물론 로크가 그들에 필적할 정도의 정치적 비중을 가진 인물은 아니었다. 하지만 라이 하우스 음모의 재판 과정에서 시드니에 대한 죄목 가운데는 선동적인 원고의 저자라는 것도 포함되어 있었고, 당시 로크 또한 극히 선동적인 내용의『통치론』초고를 소지하고 있었음에 분명하므로 그가 정국이 돌아가는 사정에

✺ 영국혁명사 3 휘그, 토리 그리고 배척 위기

왕정복고가 이루어진 후, 영국 정국이 또다시 걷잡을 수 없는 소용돌이로 휘말리게 된 것은 종교적 갈등 때문이었다. 통치 후반기에 접어들어 네덜란드로부터의 위협이 점점 커지는 데 부담을 느낀 찰스 2세는 프랑스와 동맹을 맺어 어려움을 피하고자 했다. 가톨릭 국가인 프랑스와의 동맹은 국교도 및 프로테스탄트의 반발을 사지 않을 수 없었다. 설상가상으로 유력한 차기 왕위 계승권자인 요크 공 제임스(James Duke of York)는 1668년 국교도에서 가톨릭으로 개종하는데, 프랑스와 독일 등 인근 유럽 지역에서 가톨릭에 의한 프로테스탄트의 탄압과 이로 인한 종교전쟁의 광풍을 익히 목도해왔던 영국 내 프로테스탄트 세력 및 비국교도 지지 세력은 이러한 사태 전개에 심각한 위협을 느끼지 않을 수 없었다. 결국 종교적 관용을 주장하는 의원들을 중심으로 의회 내에서 정치적 반격이 시작되었다. 1679년부터 1681년 사이에 세 차례 열린 의회에서 가톨릭교도인 제임스를 왕위계승 서열에서 배제하는 내용을 골자로 한 일명 '배척법안'을 제출한 것이다. 하지만 찰스 2세와 제임스는 의회 내의 오랜 국교파 대 비국교파 간 갈등을 이용하여 국교파의 지지를 끌어내는 데 성공했고, 배척법안은 통과에 실패하고 만다.

우리에게도 잘 알려져 있는 '토리(Tory)'와 '휘그(Whig)'는 이른바 이 '배척 위기'의 와중에

불안을 느끼는 것은 당연했다. 실
제로 1685년 찰스 2세가 죽고 몬머
스 공의 반란이 진압된 후 로크의
이름은 새로 즉위한 제임스 2세 정
부에 의해 반란 음모와 관련된 수
배자 명단에 올랐다. 하지만 다행

> **라이 하우스 음모**
>
> 배척법안이 의회통과에 실패한
> 후 휘그당의 러셀과 시드니 등이
> 영국 하트퍼드셔의 라이 하우스
> 에서 국왕 찰스 2세와 요크 공
> 제임스를 암살하려 한 사건. 이
> 사건은 미수로 끝나고 관계자들
> 이 모두 처형되었다.

히 로크는 1683년 9월에 이미 네덜란드로 피신한 상태였다. 네
덜란드에서 그는 한동안 익명으로 살았으며, 나중에 사면령이
내려진 후에도 계속 네덜란드에 남아 있었다.

 망명을 떠날 당시 로크는 이미 50세를 넘어섰다. 하지만 그때

등장하게 된다. '아일랜드의 강도들'과 '스코틀랜드의 맹약파 반란자들'을 일컫는 말이었던
토리와 휘그가 각각 제임스를 왕위계승에서 배제하려는 배척파의 반대 세력과 궁정에 반대
하고 비국교도에게 관용적인 정치가들을 의미하게 된 배경은 배척파가 꾸민 음모 사건과 관
련이 있다. 배척파는 가톨릭교도들이 프로테스탄트인 찰스 2세를 암살하고 제임스를 왕위
에 추대하려 한다는 음모설을 퍼뜨리면서 반란의 혐의를 제임스 지지자인 아일랜드 총독 오
먼드 공(Duke of Ormonde)에게 덮어씌우기 위해 위증할 자를 찾았는데, 그가 바로 아일랜드
의 강도단, 곧 토리의 두목이었다. 배척파의 이 음모는 1680년 12월에 탄로나 좌절되었다.
그러나 배척파는 이후에도 계속 '반역을 꾀하는 가톨릭 아일랜드'라는 시나리오에 집착하
여, 제임스와 왕의 측근들이 토리를 고용하여 반역을 꾀한다는 소문을 흘리면서 왕당파를
토리라고 부르기 시작했다.
스코틀랜드의 맹약파 반란자들을 가리키는 휘그가 반(反)국왕적이고 종교적 관용을 지지하
는 정파의 명칭으로 사용되게 된 것도 이즈음이다. 왕당파 언론인 레스트랭지(Roger
L'Estrange, 1616~1704)가 1681년 7월부터 2년간 자신의 신문 『관찰자(The Observator)』에
토리와 휘그를 가상의 대화로 내세워 정국에 관한 비평 논의를 전개했고, 이 일을 계기로
휘그는 토리에 대칭되는 표현으로 확고히 자리 잡게 되었다.

까지 어느 정도 중요성을 갖는 그의 저작은 하나도 출판된 것이 없었다. 출판을 위해 썼으리라고 짐작되는 유일한 원고인『통치론』은 그 당시 상황에서는 소지하고 있는 것만으로도 충분히 위험했으므로, 세상에 나오기 위해서는 시간이 좀더 필요했다. 이런 점에서 망명은, 비록 불편하고 다소 위험한 것임에는 틀림없었지만 로크에게 중대한 기회를 제공하는 것이기도 했다. 무엇보다 네덜란드에서 그는 섀프츠베리와의 인연으로 인해 연루되었던 모든 정치적, 공적 책임에서 벗어나 충분히 사색하고 저술할 수 있는 시간을 가질 수 있었다. 게다가 당시 유럽의 다른 어느 곳보다 정치적, 종교적으로 자유로운 분위기였던 네덜란드에는 영국이나 프랑스 등에서 박해를 피해 망명 중인 다양한 배경의 사람들이 모여들고 있었다. 로크는 그중 많은 이들과 친분을 나누었는데, 이들의 공통적인 관심사는 '관용'에 대한 것이었다. 이미 영국에 있을 당시 그 주제에 관한 생각을 상당히 발전시켰던 로크에게 네덜란드에서의 생활은 자신의 관심사를 체계적이고도 깊이 있게 탐구할 수 있는 매우 유익한 환경을 제공했다.

권리장전

주요 내용은 첫째, 의회의 동의 없는 법률과 그 집행, 과세의 위법, 둘째, 의회의 동의 없이 평화 시 상비군 징집 및 유지의 금지, 셋째, 국민의 자유로운 청원권의 보장, 넷째, 의원 선거의 자유 보장, 다섯째, 의회에서의 언론 자유 보장, 여섯째, 지나친 보석금이나 벌금 및 형벌의 금지 등이었다.

로크가 그의 가장 위대한 저작들인『관용에 관한 서한A Letter Concerning Toleration』(1689)과『인간 지성에 관한 시론An Essay Concerning Human Understanding』(1690)을 집필한 것 역시 바로 망명지 네덜란드에서였으며, 이 기간 동안『통치론』의 수정 작

⋘ **영국혁명사 4** 명예혁명

자신을 왕위 계승에서 배제하려는 세력들의 반란 음모를
견뎌내고 마침내 요크 공 제임스는 1685년에 제임스 2세
로 무사히 왕위에 오르게 되었다. 그러나 즉위한 지 몇 달
이 지나기도 전에 찰스 2세의 서자였던 몬머스 공(Duke
of Monmouth)이 프로테스탄트의 보호를 명분으로 반란
군을 조직, 브리스틀을 공격했다. 반란은 곧 진압되었고,
몬머스 공은 물론 그의 추종자들 모두가 사형에 처해지거
나 최하 유배형을 언도받았다. 하지만 이 사건을 계기로
제임스 2세는 전제군주적 태도를 취하기 시작했다. 충성

제임스 2세

심이 확고한 가톨릭교도 장군들을 발탁하여 지휘관의 자
리에 앉혔고, 왕의 직권으로 의회 구성원 다수를 자신의 지지자들로 교체하는가 하면 그간
의회가 제정한 법률 중 가톨릭 신앙을 제약하는 것들의 효력을 정지시키기까지 했다.
비록 의회 내 토리가 왕당파들이긴 했지만, 의회의 권한을 인정하지 않는 왕의 처사를 용납
할 수 없다는 점에서는 토리도 휘그와 의견의 일치를 보였다. 그리하여 휘그의 지도자들은
토리와 암묵적으로 합의하고 프로테스탄트인 네덜란드의 오렌지 공 윌리엄(William of
Orange)에게 제임스 2세에 대한 무력 저항을 지원해달라는 서신을 보내게 된다. 이것이 이
른바 '명예혁명(Glorious Revolution)'으로 불리는 사건의 발단이다.
윌리엄은 1688년 11월에 영국에 상륙해서 불과 한 달 반 만에 런던에 무혈입성했다. 제임스
2세의 군대에 소속되어 있던 프로테스탄트 장교들이 윌리엄 진영에 가담한 데다가 결정적
으로는 영국군 부사령관 처칠이 왕을 배신하고 윌리엄에게 투항한 덕분이었다. 더 이상의
저항을 포기하고 제임스 2세는 프랑스로의 망명을 택했다. 유혈사태 없는 혁명의 성공이었
다. 1689년 2월 의회는 제임스의 폐위를 선포하고 윌리엄과 메리를 함께 왕으로 추대했다.
명예혁명은 영국 역사에서 절대주의가 종식되고 의회주권이 확립되는 결과를 가져왔다. 특
히 1689년 12월에 의회가 제정, 공포한 '신민의 권리와 자유를 선언하고 왕위 계승을 정하
는 법률', 곧 '권리장전(Bill of Rights)'⁕은 영국에서 입헌민주주의의 기틀을 마련했을 뿐 아
니라 이후 세계 도처의 근대 국가 형성에 영감을 주고 '인권' 사상이 발전하는 데 영향을 끼
쳤다고 평가받는다.

업도 진행했던 것으로 보인다. 비록 장래 전망이 불투명한 망명 생활이었지만 그의 지적 능력은 오히려 절정에 달했고, 그는 자신의 정력을 집중해 후세에 길이 남길 역작을 완성했다.

명예혁명의 성공으로 1689년 2월 메리˚ 공주를 호송하는 배에 동승하여 영예롭게 귀국한 로크는 『인간 지성에 관한 시론』을 비롯한 일련의 저작들을 출판했다. 또 명예혁명으로 인해 절친한 친구들이 정계의 고위직에 취임하게 됨에 따라, 정계와 학계에 두루 영향을 미치며 영광스러운 만년을 맞게 된다. 1704년에 사망하기 전까지 15년 동안 그는 혁명의 정착과 영국의 번영을 위한 다양하고도 중요한 일들에 정부 고문으로 혹은 보수를 받는 공직자로 참여했다. 또한 말년에 이르기까지 연구와 저술 활동도 계속했다.

이렇게 보면 명예혁명의 성공이 영국 정국에 가져온 변화만큼이나 극적인 변화가 로크의 개인적 삶에도 일어났다고 할 수 있다. 게다가 18세기 영국 정치가 휘그당의 주도로 전개되면서 만년에 얻은 로크의 명예는 그가 생을 마감한 후에도 지속되었다. 그는 1704년 10월 에식스 주의 오츠에 있는 그의 친구 매섬 Masham 부인의 시골 저택에서 72세를 일기로 눈을 감았다.

로크의 유산

오늘날 섀프츠베리를 기억하는 사람은 영국에서 조차 드문 데 반해 로크는 영국을 넘어 세계적인 명성을 누리고 있다. 당시 두 사람 간의 주종 관계, 섀프츠베리가 로크에게 끼친 영향, 나아가 현실 정치에서 두 사람이 차지했던 위상을 감안하면 격세지감을 느낄 법도 하다. 로크가 섀프츠베리의 그늘에서 벗어나 그 자신의 이름으로 오늘날까지 살아 있는 것은 아무래도 그가 남긴 저술들 덕분일 터이다. '행위'에 비해 '저술'이, 달리 말하면 정치적 삶 그 자체보다 그것을 가능하게 하고 또 정당화하는 '사상'이 아무래도 좀더 질긴 생명력과 강한 설득력을 갖는 것 같다. 따라서 로크가 후세에 남긴 유산은 그의 저작들과 관련하여 헤아려보지 않을 수 없다.

네덜란드로 망명을 떠났던 1683년 이후 임종에 이를 때까지 로크가 집필, 출판했던 주요 저작으로는 『관용에 관한 서한』과 『통치론』, 『인간 지성에 관한 시론』, 『미래를 위한 자녀교육Some Thoughts Concerning Education』(1693), 『기독교의 합리성Reasonableness of Christianity』(1695) 등을 꼽을 수 있다. 종교와 정치, 지식 이론과 형이상학, 교육 문제에 이르기까지 그는 실로 다양하고 풍성한 업적을 남겼다. 이들 모두는 해당 분야에서 세월을 뛰어넘어 영향력을 발휘하고 있으며, 로크의 이름을 기억하게 하고 있다. 이렇게 다방면에 걸친 로크의 유산을 여기서 전부 살펴볼 수는 없고, 우리의 전체 주제와 관련하여 정치사 및 정치사상사에 끼친 그의 영향만 간략히 살펴보기로 하자.

『통치론』을 중심으로 표출된 로크의 정치사상은 이론과 실천

양면 모두에서 중대한 결과를 초래했다. 인간의 자연권과 동의에 의한 정부, 신탁信託으로서의 통치 개념 및 저항권에 대한 정당화로 요약할 수 있는 로크의 사상은 종래의 왕권주의자에 맞서 입헌주의 전통을 새롭게 마련해가던 당대 영국의 비판적 지

식인 및 정치가들을 사로잡았고, 이내 그들의 신념이 되었다. 군건한 정치적 신념은 결국 그 신념을 공유하는 이들로 하여금 정당을 형성하도록 했는데, 바로 그들에 의해 1688년에서 1832년 사이 영국에서는 의회제 정부라는 새로운 정치체계가 만들어졌고 성공리에 운

볼테르

프랑스의 대표적인 계몽사상가이자 작가이다. 디드로(Denis Diderot, 1713~1784), 루소 등과 함께 백과전서파의 한 사람으로 활약했다. 명예혁명 후 입헌민주주의 국가로 발전하고 있던 영국을 이상화하고 프랑스 사회를 비판함으로써 정부의 노여움을 샀다. 『오이디푸스』 등의 비극과 『자디그』, 『캉디드』 등의 철학소설, 『풍속시론』, 『철학사전』 등 다수의 작품을 남겼다.

영되었다. 의원내각제 혹은 의회민주주의라고도 불리는 영국의 이 정부 형태는 유럽뿐만 아니라 전 세계가 모범적인 통치 모델 가운데 하나로 받아들이는 것으로, 그 초석을 제공한 이가 바로 로크다.

18세기에 이르러 로크의 사상은 영국을 넘어 유럽 대륙에까지 광범위하게 영향력을 행사한다. 우선 그가 잘 알려져 있던 네덜란드에서 로크는 정치에 관한 권위자로 인정받았고 또 널리 인용되었다. 프랑스에서도 로크의 사상은 광범위한 호응을 얻었는데, 볼테르Voltaire, 1694~1778 등에 의해 보급된 그의 사상은 혁명 전 프랑스의 절대군주제와 정치적, 사회적 문제점들을 공격하기 위해 당대 프랑스 지식인 및 현실 비판자들이 필요로 하던 이론을 제공했다. 헌법에 의한 군주 권력의 제한과 삼권분립에 관한 생각을 발전시킴으로써 프랑스의 절대왕정을 비판했던 몽테스키외Montesquieu, 1689~1755나 사회계약을 통한 자유롭고 평등한 질서의 회복과 인민의 일반 의사에 의한 통치를 주장함으로써 프랑스 혁명의 발발을 촉진시켰던 루소가 프랑스에서 로크 사상의 영향

력을 보여주는 대표적인 예다. 물론 그 밖에도 많은 프랑스 사상가들이 로크식의 자유주의적이고 합리적인 정치관에 입각하여 구체제를 함축적으로 비판했다. 다만 이처럼 혁명을 준비하고 또 직접 혁명을 경험하는 동안 프랑스에서 로크의 사상은 로크 자신의 나라에서보다 훨씬 더 교조적이고 급진적인 형태로 이해되었던 것으로 보인다.

그러나 아무래도 로크의 정치사상을 가장 극적으로 요구한 곳, 그리고 그것을 실현하기에 가장 비옥한 토양은 '아메리카'였다. 이미 18세기 초에 『통치론』은 영국의 식민지였던 미국에 널리 보급되어 있었다고 한다. 물론 미국의 일반 대중들 사이에서 그 책이 광범위하게 읽혔으리라고 보기는 어렵다. 하지만 혁명의 지도자들인 제퍼슨Thomas Jefferson, 1743~1826과 매디슨James Madison, 1751~1836, 애덤스Samuel Adams, 1722~1803가 로크의 저작에 심취해 있었던 것은 분명하다. 그 점을 시사하는 대표적인 사례가 미국의 「독립선언서」이다. 「독립선언서」는 그 형태, 구절 및 내용에서 로크의 사상과 얼마나 흡사했던지 선언서를 기초한 제퍼슨이 『통치론』을 표절했다는 비난을 받을 정도였다. 제퍼슨은 자신이 선언서를 기초하는 동안 어떤 책이나 팸플릿도 참조하지 않았다고 주장하며 비난에 맞섰다. 그러나 자신의 사상이 전혀 새로운 것이라고 내세우지도 않았다. 이전에 어느 누구도 들어본 적이 없는, 완전히 독창적인 원리로 혁명을 정당화하는 것은 불가능할뿐더러 무익하기도 하다는 점을 알고 있었기 때문일 것이다. 결국 「독립선언서」의 『통치론』 표절 시비는 로크의 영향력이 18세기 미국의 정치 현실에 이미 얼마나 넓고도 깊게 스며들어 있었는가를 보여주는 에피소드인 셈이다.

이렇듯 로크의 정치사상은 서양 정치사의 획을 그은 주요 근대 혁명들의 기폭제가 되었고, 결과적으로 자유민주주의 국가의 발전을 이끌었다. 이 점을 부인하는 사람은 거의 없다. 하지만 로크의 사상 자체가 민주주의적인 것이었는지, 그를 과연 민주주의 사상가라고 볼 수 있는지에 대해서는 논란의 여지가 있다. 사실 로크는 당대 대두하던 신흥 자본가 계급의 이익을 옹호하

는 데 앞장섰던 자본주의 사상가라거나 기껏해야 소유집착적인 개인주의자에 불과하다는 평가를 받기도 한다. 심지어 로크 사상의 세례를 직접 받았던 루소조차 로크가 제안한 대의제 정부 형태를 염두에 두고 그러한 체제하에서 인민은 의회 의원을 뽑는 선거 시점에 한해 일시적으로 자유로울 뿐이라고 비꼬았을 정도였다. 로크식의 대의제는 민주주의가 아니라는 이야기다.

앞으로 차차 살펴보게 되겠지만, 로크는 자연상태에서 모든 인간의 평등한 자유를 선언하고, 나아가 모든 인간의 동의에 의한 정부 원리를 제시했다. 하지만 그가 말한 모든 인간이 인종과 성, 계급, 종교 등의 차이에 구애받지 않는, 문자 그대로의 "모든 인간"으로 상정되었으리라고 믿기는 힘들다. 로크의 사상을 이론적 기반으로 하여 명예혁명 이후 영국의 의회제 정부를 이끌었던 휘그당은 일정한 정도의 재산을 소유한 자에 한해 선거권, 곧 동의의 권리를 허용했다. 이렇게 볼 때, 당시의 현실적 맥락에서 로크 역시 사회계약을 맺고 자신들에 대한 통치권을 위임하여 정부를 구성할 개인의 범주에 일정한 한계를 두었음이 분명하다. 그러한 한계 설정의 기준이 재산이든 이성이든 혹은 교육 수준이든 간에 말이다. 즉 그는 오늘날 우리가 이해하는 의미로의 민주주의자는 아니었다.

그러나 로크의 정치사상은 역사적 실천의 결과 면에서뿐만 아니라 이론상으로도 근대 민주주의의 발전에 중요한 기여를 했다. 이는 특히 로크가 '동의에 의한 정부'의 원리를 확립하고 '저항권'을 정당화했다는 점에서 그러하다. 대한민국 헌법이 제1장 1조 2항에 "대한민국의 주권은 국민에게 있고, 모든 권력은 국민으로부터 나온다'라고 명시하고 있듯이, 오늘날 대부분의 민주주의 국가는 주권재민의 원칙을 헌법적으로 선언하고 있다. 그러므로 동의에 의한 정부라는 관념이나 신탁으로서의 통치 개념이 현대를 사는 우리들 대부분에게는 너무도 자명하고, 그래서 진부한 것으로 생각될지 모르겠다. 하지만 로크가 살았던 시대는 군주의 권력이 가부장권으로 이해되고, '짐이 곧 국가'라는 발상이 하느님의 명령으로 정당화되던 시절이었다. 국가와 왕(또는 정부)을 구분하고, 왕(또는 정부)은 국민에 대해 책임을 지는 일종의 기관으로서 단순히 자신들의 취향에 따라 멋대로 사용하도록 권한을 부여받은 것이 아니라는 점을 논증하고자 했던 로크의 시도와 노력은 이러한 역사적 맥락 속에서 평가되어야 할 것이다. 즉 현실적으로 그가 문자 그대로의 "모든 인간"을 '동의'의 당사자로 상정하지 않았다는 점에서 오늘날의 민주주의 관념과 어긋나는 것은 사실이나, 국가와 개인의 관계를 사회계약과 위임통치로 설명하는 그의 사상 자체는 인민주권을 요체로 하는 근대 민주주의 이론의 밑거름이 될 만한 것이었다.

나아가 '공동체 구성원의 복지'라는 신탁의 목적을 수행하는 데 실패한 정부에 대해 국민이 저항권을 갖는다고 본 로크의 주장은 현대 사회에서 민주주의의 발전과 확산에 기여했다. 저항권에 대한 로크의 정당화는 정부의 권력 행사가 국민을 위한 것이어야 한다는 원칙을 다시 한 번 확증하는 것이다. 이제 권력을 자의적으로 행사하며 국민을 억압하고 착취하는 정부는, 단순히 나쁜 것이 아니라, 타도하고 전복해야 하는 것이다.

로크의 이러한 생각은 18세기 절대주의 국가에 대항한 혁명을

전체주의

개인을 전체에 통합된 부분으로 여기고 개인보다 전체의 가치와 우월성을 강조하는 사상 및 체제를 가리킨다. 개인의 이익보다 전체의 집단 이익을 중시하고 다양성보다 통일성을 강조하며, 따라서 강력한 국가권력과 정치·경제·사회·문화 등 모든 영역에 걸친 국가의 통제 및 간섭을 정당화하게 된다. 1930년대 후반 이탈리아의 파시즘과 독일의 나치즘 등을 가리키는 말로 사용되기 시작해서 2차 세계대전 이후에는 공산주의를 가리키는 말로까지 확장되었다. 양자는 통상 우파 전체주의, 좌파 전체주의라는 용어로 구별되기도 한다.

옹호하는 것이었지만, 바로 그 논리가 19~20세기에 벌어졌던 전체주의totalitarianism* 및 독재국가에 대한 아래로부터의 저항과 시민봉기의 정당화에도 적용된다. 1980년대까지 한국의 현대 정치사를 점철했던 민주화운동이 국민들의 정당한 권리 행사로 이해되고, 그리하여 그 희생자에게 명예회복과 보상이 주어지는 것이 당연하게 여겨지는 것도 따지고 보면 로크적 발상의 연장이다. 로크가 안을 수밖에 없는 여러 가지 시대적 한계, 대표적으로 백인·남성·부르주아 계급 중심이라는 한계에도 불구하고, 그의 정치사상이 기본적으로 민주주의에 부합한다는 점은 분명해 보인다.

위대한 역사적 실천이나 이론들이 단 한 사람의 업적인 경우는 없다. 그러나 근대 자유민주주의를 로크의 유산으로 보는 데는 대체적인 합의가 있으며, 또 그럴 만한 이유가 있다. 이는 무엇보다 그의 사상이, 국가가 국민의 복지를 위해서 존재하는 것이지 국민이 국가의 목적을 위해서 존재하는 것이 아니라는 원리를 표상한다는 점에서 그러하다. 이제 로크의 생각을 좀더 자세히 들어보면서 그가 남긴 유산의 깊고 높음을 답사해보자.

왕권신수설을
공략하라

우리의 왕이
아담의
직계자손?

앞서 로크의 『통치론』은 '배척 위기'의 와중에서 새프츠베리가 주도한 휘그파의 입장을 정치 이론적으로 뒷받침하고 혁명을 선동하기 위한 저작으로 평가받는다고 소개한 바 있다. 휘그파의 이론가로서 로크는 왕당파가 오랫동안 확고하게 다져온 입장, 곧 군주의 권한은 하느님이 인류의 조상 아담에게 부여한 지배권에서 세습된 것이라는 이른바 왕권신수설을 공격하는 것에서부터 자신의 임무를 시작했다. 『통치론』은 서로 시기를 달리하여 쓰인 두 개의 긴 논문으로 구성되어 있는데, 통상 「제1론^{The First Treatise of Government}」으로 불리는 첫 번째 논문이 그러한 임무를 수행한 것이다.

'로버트 필머^{Robert Filmer, 1589?~1653} 및 그 추종자들의 그릇된 원칙과 근거에 대한 지적과 반박'이라는 부제가 시사하듯이, 「제1론」은 필머를 주된 공격 대상으로 하고 있다. 즉 로크는 당시

왕당파의 교리로 확립되어 있던 세습적 왕권신수설의 가장 강력한 주창자로 필머를 지목했던 셈인데, 이는 적절한 선택이었다.

필머의 주장이 오롯이 담긴 대표 저작인 『가부장론Patriarcha』(1680)은 당시 영국 정국에서 출간과 함께 곧바로 논쟁을 불러일으켰다. 가정과 왕국, 가부장권과 왕권을 동일시하면서, 국왕의 권력은 아담과 그 직계 상속자들의 부권을 계승한 것이므로 왕권에 대한 도전은 신성모독에 해당한다는 왕권신수설의 전형적인 논리를 정교하고 세련되게 전개했기 때문이다. 절대군주제를 계속 끌고 가려는 토리파에 맞서 입헌군주제를 정착시키고자 했던 휘그파의 논객들로서는 토리파의 입장을 이론적으로 옹호, 보강하는 저작을 도저히 묵과할 수 없었다.

이미 로크의 친구인 티렐과 시드니 등이 한 차례 공박을 감행했다. 하물며 로크가 빠질 수야 없었다. 그는 다른 누구보다도 전투적으로 필머의 교리와 대결할 결의를 갖고 있었다. 「제1론」에서 필머에 대한 그의 비판은 상당히 세세했으며 거칠고 파괴적이었다. 그런 연유에서인지, 아니면 왕권신수설에 대한 로크 등의 공격이 설득력 있는 것으로 받아들여져 『가부장론』의 중요성이 곧 잊혀졌기 때문인지 오늘날에는 물론 로크 당대에도 프

랑스를 비롯한 유럽 대륙에서는 주로 「제2론」^{The Second Treatise of}
^{Government}」만이 번역, 출간되었다. 오늘날 『통치론』으로 번역되는
로크의 저서는 「제2론」만을 담고 있는 경우가 대부분인 것이다.

하지만 친절하게도 로크는 「제2론」의 도입부에 「제1론」에서
전개한 『가부장론』에 대한 비판적 고찰을 간략하게 요약해놓고
있어 그가 필머류의 왕권신수설을 어떤 식으로 논박했는지 충분
히 짐작할 수 있게 한다. 그의 말로 간단히 정리해보도록 하자.

1 아담은 아버지로서의 자연적인 권리에 의해서든 하느님으로부터
의 실정적인 증여에 의해서든, 흔히 주장하는 바와 같은 그런 자
녀에 대한 권위나 세상에 대한 지배권을 가지지 않았다.

2 설사 아담이 가졌다고 하더라도, 그의 상속자들에게는 전혀 그런
권리가 없었다.

3 설사 그의 상속자들이 가졌다고 하더라도, 일어날 수 있을 법한
모든 경우에 어느 쪽이 정당한 상속자인지를 결정하는 그 어떤 자
연법도 하느님의 실정법도 없으므로 계승의 권리 및 그것에 따라
나오는, 지배를 담당할 권리는 확실히 결정될 수 없었을 것이다.

4 설사 그것조차 결정되었다고 하더라도, 아담의 후손 계보에서 어
느 쪽이 장자 계보인지에 대한 앎이 완전히 사라진 지 아주 오래
되었기 때문에 인류의 종족들과 세상의 가문들 가운데 누구에게도
남보다 우위에 서서 장자 집안이라고, 그래서 상속권을 가진다고
주장할 만한 최소한의 명분조차 남아 있지 않다.

요컨대 아담은 왕권신수설을 주장하는 이들이 말하는 것과 같
은 무제한적인 절대권력을 가진 바 없었을 뿐만 아니라 현재에

이르러서는 누가 과연 아담의 직계 상속자인지 도무지 알 수 없기 때문에 왕의 지배권을 하느님이 부여한 것으로 정당화하는 논리는 거짓말이라는 것이다. 이로부터 그는 다음과 같은 결론을 내린다.

> 세상의 모든 정부가 단지 위력과 폭력의 산물일 뿐이며, 인간은 가장 강한 자가 마음대로 한다는 다름 아닌 야수들의 규칙에 따라 함께 살고 그럼으로써 영속적 무질서와 해악, 소란, 폭동, 그리고 반란의 토대를 놓는다는 생각에 정당한 근거를 제공하지 않으려는 자는 로버트 필머 경이 우리에게 가르쳐준 것과 다른, 정부의 또 다른 발생, 정치권력의 또 다른 기원, 그리고 정치권력을 가지는 인격체들을 설계하고 알아내는 또 다른 수단을 반드시 찾아내야만 한다.
>
> 『통치론』 제1장 1절

이제 '시민정부의 참된 기원, 범위 및 목적에 관한 시론'이라는 부제가 달려 있는 두 번째 논문 「제2론」에서 로크는 자유롭고 평등한 개인들 간의 사회계약, 동의에 의한 정부, 저항권 등으로 대변되는 그의 정치 이론을 제시함으로써 필머와는 다른 방식으로 정치권력의 기원에 대해, 또 정치권력을 소유할 사람 혹은 기관을 고안하고 분별하는 방법에 대해 논증한다. 비판을 넘어 대안을 제시하는 방향으로 왕권신수설에 대한 공격이 한층 적극성을 띠게 되는 것이다.

자연상태에서
시작하다

로크는 홉스와 마찬가지로 자연상태라는 개념에서 출발하여 국가의 기원과 목적에 관해 필머와는 다른 설명을 시도한다. 로크가 상정하는 자연상태는 모든 인간이 '자유롭고', '평등하게' 존재하는 상태다. 그런데 '자유의 상태'로서의 자연상태는 '방종의 상태'가 아니라는 것이 로크의 설명이다. 그에 따르면 자연상태에서 인간이 누리는 자유는 "타인의 의지나 입법권에 구속되지 않고 오로지 자연법만을 자신의 준칙으로 삼는 것"이다. 즉 그것은 군주나 원로원 같은 지상의 어떤 우월한 권력에도 구속되지 않는다는 의미에서의 자유이지 자기 멋대로 살 수 있다는 의미에서의 자유는 아니다. 인간의 자연적 자유를 이렇게 설명하면서 로크는 다음과 같이 다시 한 번 필머를 겨냥한다.

> 그렇다면 자유는 로버트 필머 경이 우리에게 말하는 것, 즉 "모든 사람이 자기가 하고 싶은 것을 하고 살고 싶은 대로 살며 어떤 법률에 의해서도 구속되지 않을 자유"가 아니다.
>
> 『통치론』 제4장 22절

당시 필머로 대변되는 절대주의 신봉자들은 자유를 방종과 동일한 것으로 규정하면서 자유 및 자연적 자유 관념에 기초한 인민주권론을 비판하고 있었다. 자유가 방종에 다름 아니라면, 그것을 주장하는 논의는 무질서와 혼란을 초래하는 것으로 낙인찍히지 않을 수 없다. 즉 필머는 자유를 방종과 동일시하고, 그로부터 은연중에 인민주권론의 주장을 무정부적 혼란과 연관 지음으로써 절대군주제를 옹호했다. 따라서 필머와 같은 당대 왕당파의 주류 견해에 맞서 입헌주의의 확립과 인민의 저항권 확보를 정당화하고자 했던 로크로서는 인간의 자유가 제멋대로의 방종이 아니며 공동체의 안전과 양립 가능하다는 점을 보이는 데 논의의 초점을 맞추지 않을 수 없었다. 그리하여 로크는 인간의 자연적 자유에 자연법의 테두리를 확고히 두름으로써 필머의 자유에 대한 공격을 무력화하고자 시도하게 된다. 여기서 자연법은 하느님으로부터 나오는 객관적인 규칙이자 척도인데, 하느님은 그의 창조물인 인간에게 이성을 부여하여 누구나 자연법을 알 수 있도록 했다. 그러므로 자연상태에서도 사람들은 제멋대로 살 수 없고, 자연법의 지도에 따라 타인의 존재를 의식하며 자신의 행위에 스스로 일정한 제약을 가하게 된다는 것이 로크의 설명이다.

한편 '평등의 상태'이기도 한 로크의 자연상태는 전쟁상태가 아니라는 점에서 홉스의 자연상태와도 다르다. 홉스가 자연상태를 "만인에 대한 만인의 투쟁상태"로 제시하게 된 것은 인간이 신체나 정신적인 능력 면에서 서로 평등하고 그로부터 자연히 희망의 평등이 생겨난다고 보았기 때문이었다. 즉 홉스의 경우 자연상태에서 인간이 누리는 평등은 그것을 전쟁상태로 만드는 발단이 된다. 그래서인지 자연상태를 전쟁상태와 구분하는 로크의 논의는 다분히 홉스를 겨냥한 듯이 보인다.

여기서 우리는 자연상태와 전쟁상태 간의 명료한 차이를 알게 된다. 어떤 인간들은 그 차이를 혼동하기도 했지만, 그 둘은

마치 평화, 선의, 상호 원조 및 보존의 상태와 적대, 악의, 폭
력 및 상호 파괴의 상태가 서로 간에 그런 것만큼이나 멀리 떨
어져 있다.

『통치론』 제2장 19절

위 인용문에서 '어떤 사람'이 대표적으로 홉스를 지칭하는 것
임은 분명하다. 여하튼 로크의 자연상태는 사람들이 각자 자유
와 평등을 누릴 뿐만 아니라 서로 돕고 선의로 대하는 평화로운
상태로 제시된다.

요컨대 로크는 국가가 성립되기 이전에 자연상태가 존재했다
고 가정함으로써 정치권력의 정당한 기원과 국가의 목적에 관해
필머와는 다른 이론을 제시할 수 있는 기반을 마련한다. 또한 그
때의 자연상태를 공포의 전쟁상태와 구별되는 것으로 설정함으
로써, 국가의 기원을 똑같이 계약에서 찾은 홉스가 종국적으로
그의 논의를 리바이어던으로 귀결시켰던 것과는 달리, 좀더 입
헌주의적이며 자유주의적인 시민정부에 대한 구상을 발전시킬
수 있었다. 동일하게 자연상태에 대한 논의에서 시작했다는 것
은 국가와 정치권력의 기원에 대해 홉스나 로크가 유사한 생각
을 가지고 있었음을 의미한다. 그런데 그들이 설정한 자연상태
의 내용과 성격상의 차이로 인해 홉스와 로크는 계약의 결과 설
립된 국가의 목적과 정치권력의 범위를 설명하면서 서로 다른
길을 가게 된다. 이 문제는 나중에 좀더 자세히 살펴보기로 하
고, 우선 로크의 자연상태가 홉스의 그것과 구체적으로 어떻게
다르며, 그런 차이는 어디서 비롯되는지부터 살펴보자.

무늬만 자연상태?

로크의 자연상태와 홉스의 자연상태를 비교했을 때 가장 큰 차이는 로크의 자연상태가 일종의 '사회상태'라는 점에 있다. 홉스는 자연상태에서 인간이 철저히 개별적 존재로서 살아가는 것으로 묘사했다. 그의 자연상태에서는 친구나 연인, 가족과 같이 친밀한 애정으로 묶인 사람들의 집단이 연상되지 않는다. 이에 비해 로크의 자연상태에는 부부나 부모와 자식, 심지어 주인과 하인의 관계로 이루어진 이런저런 사회가 존재한다.

그뿐만 아니라 자연상태에서 각 개인은 소유권을 갖기도 한다. 소유권에 대한 로크의 옹호 논변은 '노동가치설'의 초기 형태로 잘 알려져 있다. 내 몸이 내 것이니 내 손과 발을 움직여 노동을 투여한 물건 역시 내 것이라는 게 자연상태에서 소유권을 정당화하는 로크의 논리였다. 결국 노동이 "모든 것에 가치의 차이를 부여"하고 소유를 창조한다는 것이다. 소유권에 대한 로크의 논의는 상당히 많은 논란의 여지를 안고 있고, 그로부터 다양한 해석과 재해석, 논쟁의 역사가 이어졌다. 앞으로 갈 길이 멀기 때문에 그 문제는 다음 기회에 살펴보기로 하고, 다만 여기서 주목할 것은 로크가 소유권의 정당화를 자연상태에서 시도한다는 점이다. 이는 두 가지 의미가 있다. 첫째는 로크의 논의에서 소유권이 자연권의 지위를 갖는다는 것이고, 둘째는 로크의 자연상태는 개인들 간에 권리가 상호 인정되는 명백한 사회라는 것이다.

분명 원시인들은 자신이 딴 나무 열매나 자기가 사냥한 토끼를 자기 동굴에 가져다 둘 수 있을 것이다. 이 정도의 일은 홉스

초대 | 만남 | 대화 | 이슈

의 자연상태에서도 얼마든지 일어날 것으로 상상할 수 있다. 하지만 이런 식의 취득이나 점거가 곧 소유'권'을 발생시키는 것은 아니다. 그저 점유하는 것이 아니라 소유의 '권리'를 갖는다는 것은 타인의 동의와 용인을 필요로 한다. 즉 소유권이 확립되어 있다는 것은 이미 일정한 관계를 맺고 있는 사람들의 집단을 전제로 한다. 이런 점에서 로크의 자연상태는 단순히 '사회'와 대비되는, 사회 이전의 상태가 아니라 '정치사회'와 대비되는, 정치사회 이전의 상태라고 할 수 있다. 그렇다면 당장 다음과 같은 질문이 제기될 것이다. "사회와 정치사회는 무엇이 다른가?"

이에 대해 로크는 권력의 성격 차로 대답한다. 다시 말해 부모와 자식, 남편과 아내, 주인과 하인의 관계로 이루어진, 요컨대 가족 사회에서 전자가 후자에 대해 행사하는 권력은 정치사회에서 발휘되는 권력과 다르다는 것이 로크의 답변이다. 로크에 따르면, 정치권력은 "소유의 규제와 유지를 위해 사형 및 그것에 뒤따르는 보다 덜한 일체의 형벌을 갖춘 법률을 만드는 권리요, 이런 법률을 집행하는 데에 그리고 외부에서 가해지는 위해로부터 국가를 방어하는 데에 공동체의 위력을 행사하는 권리이며, 이 모든 것을 오로지 공공선을 위해서만 행하는 권리"이다. 이러한 권력은 오직 통치권자^{magistrate}에게만 고유한 것이며, 부모나 남편, 주인이 갖는 사적인 지배권과는 근본적으로 다르다는 것이 로크의 생각이다. 그리고 이로부터 부권의 연장 혹은 확대가 아니라, 그것과는 엄연히 다른 토대를 갖는 정치권력의 기원을 밝히는 논의로 나아가게 된다. 결국 로크의 자연상태에서 개인은 이런저런 사회적 관계를 맺고 있지만, 거기에 정치권력을 행사할 수 있는 통치권자, 로크의 표현을 빌리자면 "권위를 가진 공통된 재판관"이 존재하지 않는다는 점에서 그것은 정치사회와 다르다고 할 수 있다.

자연상태가 일종의 사회상태로 묘사된다는 점과 함께 소유권이 자연권으로 제시된다는 점 또한 로크의 자연상태를 홉스의 자연상태와 뚜렷하게 구별짓는다. 앞서 살펴보았듯이, 홉스는 소유권이 신민의 다른 권리와 마찬가지로 리바이어던의 창조물이며, 따라서 그 창조자의 통제에 종속된다고 보았다. 이에 비해 소유권을 자연권의 일종으로 본 로크에게는 심지어 통치권자고 할지라도 소유자의 동의 없이 그의 재산에 손댈 수 없다. 나중에 다시 살펴보게 되겠지만, 재산의 보호야말로 로크가 국가 성립의 목적으로 제시하는 것이며, 제한정부에 대한 그의 구상도 기본적으로 여기서 출발한다.

다음 주제로 넘어가기 전에 한 가지 질문을 더 던져보자. 어떤 이유로 로크는 홉스와 달리 자연상태에서도 인간이 항시적인 전쟁 상황에 돌입하지 않을 뿐 아니라 일종의 사회상태를 유지한다고 생각할 수 있었던 걸까? 물론 그것은 로크가 자연법과 그것을 알 수 있는 인간의 이성에 좀더 적극적인 의미 내지 역할을 부여했다는 점과 상관이 있다. 홉스에게 자연법은 자연상태의 공포에서 벗어나 평화롭고 안전하게 살기 위해 계약을 맺도록 개인을 이끄는 정도의 효력을 발휘한다. 그러나 로크에게 자연법은 사회계약에 이르도록 이끌 뿐만 아니라 이미 그 전에 자연상태에서도 각 개인이 타인에게 속하는 재산권과 자연법을 위반한 자에 대한 처벌권을 존중하도록 자신의 의지를 제약하게 한다. 그리고 각 개인은 그의 이성에 따라 사는 한 자연법을 알 수 있고 또 준수한다.

그러나 자연법과 인간의 이성적 능력에 대한 이와 같은 입장 차이 이외에 두 사람에게는 또 다른 중요한 차이가 있다. 인간의 본성에 대한 관점의 차이가 그것이다. 홉스는 인간을 본성상 반사회적 동물에 가까운 것으로 보았다. 그런데도 인간이 사회를 이루고 살 수 있는 것은 이성을 지닌 존재이기 때문이고 또 그럴 만한 동기와 목적이 있기 때문이다. 그가 벌이나 개미 등의 동물이 보이는 군거생활과 인간의 사회생활이 다르다고 보는 것도 이 때문이다. 즉 인간이 이루고 사는 사회는 인위적인 계약에 의한 것이고, 그 계약을 지속하기 위해 그들 모두를 두렵게 하는 공동의 권력, 곧 리바이어던을 필요로 한다.

그런데 로크는 홉스와 마찬가지로 자연상태에서 자유롭고 평등하며 이성적인 존재인 개인을 상정하고 그들 간의 합의에 의한 계약 이론을 발전시켰지만, 홉스보다 훨씬 더 인간이 사회성을 지닌 존재라고 생각했다. 그것은 다음과 같은 근거에서였다.

> 하느님은 인간을 다음과 같은 피조물로 만들었다. 즉, 그 자신이 판단하기에 인간이 혼자 있는 것은 좋지 않아서 그를 사회 속으로 들어가게 하려고 필요와 편리, 기질의 강한 속박 아래 있게 했으며, 이뿐 아니라 사회를 유지하고 향유할 수 있도록 그에게 지성과 언어도 갖춰 주었다. 최초의 사회는 남편과 아내 간의 사회였는데, 그것이 부모와 자식 간의 사회에 발단을 제공했고, 시간이 지나면서 거기에 다시 주인과 종 간의 사회

가 더해지게 되었다.

『통치론』 제6장 77절

즉 로크의 개인이 홉스의 개인보다 좀더 이성에 지배받고 사회성을 띠는 존재로 가정되는 것은 홉스에 비해 로크가 훨씬 굳건한 신앙적 토대 위에서 자신의 사상을 발전시켰기 때문인 것으로 보인다. 당대의 맥락에서 볼 때, 신학적 관점에 관한 한 로크보다 홉스가 훨씬 급진적이었음이 분명하다. 이유가 어찌 되었든 로크적 개인과 홉스적 개인 간에 보이는 차이는 결국 그들이 맺는 계약의 내용 및 결과의 차이로 나타나게 된다.

자연상태에 부족한 2%

자연상태가 자유롭고 평등하며 자연법의 지도하에 평화롭기까지 한 일종의 사회상태라면, 도대체 자연상태의 개인들은 왜 사회계약에 나서게 되는 걸까? 다시 말해, 로크는 자연상태에 무엇이 부족해서 사람들이 정치사회를 설립하게 된다고 보았을까? 사실 이런 질문은 자연상태에 대한 설명을 마친 후 로크 자신이 던지고 있는 것이기도 한데, 이에 대한 그의 대답을 직접 들어보자.

자연상태의 인간이 앞에서 말한 것처럼 그렇게 자유롭다면, 그가 가장 위대한 자와도 동등하고 어느 누구에게도 종속되지 않는 그야말로 자기 자신의 인신과 소유물의 절대적 주재자라면, 왜 그는 자신의 자유와 결별하려 할까? 왜 이런 제국을 포기하고 자신을 어떤 다른 권력의 지배권 및 제어에 종속시키려 할까? 이 질문에 대한 너무도 분명한 대답은 다음과 같다. 즉, 자연상태에서 그는 그런 권리를 가지지만, 그 권리의 향유가 아주 불확실하고 다른 사람들의 침해에 끊임없이 노출된다는 것이다. 모두가 그와 마찬가지로 왕이고 각 인간이 그와 동등한 자인데 또 그들 대부분은 공평함과 정의의 엄격한 준수자들이 아니어서, 그가 자연상태에서 누리는 소유의 향유는 아주 불안하고 아주 불확실하기 때문이다.

『통치론』 제9장 123절

요컨대 재산과 권리를 향유하는 데 안전과 확실성이 보장되지 못한다는 것이 자연상태의 결함이고, 이로 인해 사람들은 자연상태를 떠나 정치사회를 결성하고자 한다는 것이다. 그런데 이런 설명은 어딘지 낯설지가 않다. 자연상태의 개인들이 사회계약으로 나아가게 되는 이유가 불안과 위험이라니! 이는 리바이어던의 지배 아래로 들어가게 되는 홉스적 자연상태의 문제점과 크게 다르지 않다. '만인에 대한 만인의 투쟁'이나 '전쟁상태', '공포'와 같은 표현을 '불안'과 '불확실', '위험' 등으로 순화한 정도의 차이가 있을 뿐 결국 두 사람이 상정하는 자연상태는 유사한 것이 아닌가?

이런 점에 주목하여 로크의 사상이 홉스의 사상과 근본적으로 다를 게 없다고 주장하는 학자들도 있다. 예컨대 스트라우스Leo Strauss, 1899~1973*는 홉스와 마찬가지로 로크의 자연상태도 '무법의 참을 수 없는 상태'라고 지적한다. 심지어 콕스^{Richard Cox} 같은 이는 로크가 홉스주의자로 출발했으며 평생 동안 홉스주의자의 한 사람으로 남아 있었다고 평가하기도 한다. 그렇다면 자연상태로부터 논의를 시작하면서 필머는 물론이고 홉스와도 일정하게 선을 그으려 했던 로크의 시도는 실패한 것일까? 정치사회의 기원을 설명하면서 로크는 앞서 자신이 전개했던 자연상태에 관한 논의를 뒤엎는 실수를 한 것일까? 이 문제는 결국 로크가 자연상태의 결함으로 언급한 불안과 위험이 홉스적 자연상태의 공포와 무슨 차이가 얼마나 있는지 살펴보아야 풀릴 것 같다.

스트라우스

미국의 저명한 정치철학자. 시카고대 교수를 역임했다. 플라톤, 마키아벨리, 홉스에 관한 연구서와 '정치철학'에 대한 독특한 사유로 학자적 명성을 얻었다. 그러나 서구 민주주의의 우월성과 반세계화주의를 주장하고 기독교 근본주의에 입각해 '미국의 책임'을 강조함으로써 일반적으로는 미국 신보수주의, 이른바 '네오콘'의 사상적 기원으로 더 알려져 있다.

　우선 홉스의 자연상태를 특징짓는 공포는 기본적으로 인간의 본성에서 비롯되는 필연적인 것인 데 비해 로크의 자연상태에서 발생하는 불안과 위험은 권리들의 충돌 가능성과, 무엇보다 그것을 조정할 권위의 부재로 인한 것이라는 점에서 차이가 있다. 앞서 살펴보았듯이, 로크는 자연상태에서 각 개인이 그 자신의 신체와 자기의 노동을 투여한 산물에 대해 소유권을 지닌다고 보았다. 또한 자연상태에서는 "모든 인간이 타인의 권리를 침해

자연상태의
문제점은 '만인에대한
만인의 투쟁'이
벌어진다는데 있지.

아니! 그렇지않아!
자연상태의 결정적인
문제점은 사람들 사이의
분쟁을 재판할 '공통의
우월자'가 없다는데 있어.

하지 않고 서로를 해치는 일을 하지 않도록 제지를 받는 동시에 온 인류의 평화와 보존을 바라는 자연법이 준수되도록 하기 위해 …… 저 법의 위반자들을, 법 위반을 방지할 수 있을 정도로 처벌할 권리를 가지며 자연법의 집행자가 된다."

그런데 이런 개인들이 홉스의 자연상태에서와는 달리 서로 일정한 관계를 맺으며 사회생활을 한다. 따라서 그들 간에 이익 분쟁이나 의견 다툼이 불가피하게 발생한다. 자연상태의 개인들은

이성적 존재로서 자연법에 따라 살아가지만, 항상 형평과 정의의 기준을 엄격히 지킨다고 장담할 수 있을 정도로 완전한 존재들은 아니다. 또 자연법은 자연상태의 개인들이 타인의 권리를 존중하며 평화롭게 살도록 이끄는 원리이지만, 어디까지나 추상적이고 보편적인 규범일 뿐 개개의 사안들에 구체적으로 적용할 수 있는 지침은 아니다. 그러므로 개인들 간에 벌어지는 특정한 분쟁의 잘잘못을 자연법에 의거해서 가리기는 어렵다. 특히 자기 자신이나 그와 가까운 친지가 연루된 사건에서 사람들이 객관적이고 공정하게 자연법의 집행자가 되기란 쉽지 않다.

이렇듯 재산의 향유가 불확실하다거나 타인으로부터 침해당할 위험이 있다는 로크적 자연상태의 결함은 이기적이고 경쟁적이며 명예를 추구하는 인간의 본성 때문에 발생하는 것이 아니다. 그보다는 공통의 동의를 통해서 수용되고 인정된, 널리 알려져 있고 잘 확립된 '법률'과 그 법에 따라 모든 다툼을 해결할 수 있는 권위를 가진, 널리 알려진 무사공평한 '재판관', 그리고 올바른 판결을 뒷받침하고 그 적절한 집행을 확보해주는 '권력'이 자연상태에 존재하지 않기 때문에 발생한다. 달리 말하면, 자연상태에서 사람들은 편파적인 판단, 비슷한 사례에서 서로 달리 나타나는 판단의 다양성, 판단을 집행하기에 적절하지 못한 강제력과 이 모든 폐단의 결과로 겪게 되는 혼란이나 불안 등의 문제에 시달린다는 뜻이 된다. 바로 이것이 로크적 자연상태에서 개인들이 사회계약에 나서게 되는 이유다. 이렇게 본다면 로크의 자연상태가 홉스의 자연상태와 다를 게 없다거나 사회계약론을 전개하면서 로크가 자연상태에 관한 자신의 논의를 부정하거나 적어도 모호하게 만들었다는 평가는 적절하지 않다.

　자연상태에 관한 로크의 논의를 마무리하기 전에 한 가지 짚고 넘어가야 할 것은, 로크 역시 홉스와 마찬가지로 자연상태를 단순한 이론적 가정을 넘어 역사적인 사실로 주장하려 했다는 점이다. 물론 그렇다고 해서 로크가 먼 옛날 모든 정치사회나 국가의 존재 이전에 자연상태라는 것이 정말로 있었다고 믿었다는 말은 아니다. 그렇다면 자연상태가 역사적 사실이라는 로크의 주장은 무슨 뜻일까? 그의 생각을 직접 들어보자.

　　그런 자연상태 하의 인간들이라는 게 대체 어디에 있는가, 아니, 한번이라도 있었던 적이 있는가라는 물음이 강력한 반론으로 종종 제기된다. 거기에 대해서 현재로선 다음과 같이 말하는 것이 답변으로 충분할 것이다. 온 세상에 걸쳐 있는 독립적인 정부들의 모든 군주와 지배자가 자연상태에 있으므로, 많은 인간들이 그 상태에 있지 않은 세상이란 결코 없었고 앞으로도 없을 것임이 명료하다. …… 인간들 사이의 자연상태를 종식시키는 것은 모든 협약이 아니라 하나의 공동체 안으로 들어가 하나의 정치체를 만들기로 서로 함께 합의하는 이런 협약뿐이기 때문이다. …… 이뿐 아니라, 거기에 더해 나는 다음과 같이 단언한다. 모든 인간이 자연적으로 저 상태에 있으며, 자기 자신의 동의에 의해 자신을 어떤 정치사회의 구성원으로 만들 때까지 그런 상태에 머문다고 말이다.

　　　　　　　　　　　　　　　『통치론』 제2장 14~15절

요컨대 자연상태가 역사적 사실이라 함은, 정치사회가 존재하기 전 먼 과거에 그런 상태가 있었다는 의미에서가 아니라, 그 구성원 모두의 동의에 의해서 제정된 입법권과 그 입법권이 제정하고 전체 구성원들에게 적용되는 공통의 법률, 공통의 재판관과 공권력을 지닌 "하나의 정치체"를 이루고 있지 않은 모든 상태는 자연상태에 다름 아니라는 의미에서이다. 그렇기 때문에 자연상태는 과거에는 물론 현재에도, 또 장차 미래에도 존재한다. 예를 들어 21세기에도 국제사회는 여전히 로크적 의미에서 자연상태인 것이다.

자신의 동의에 의해서 설립된 정치사회의 구성원 관계가 아닌 한 갑과 을은 자연상태에 있는 것이라는 로크의 주장은 적어도 두 가지 점에서 중요한 의미를 갖는다. 우선 그것은 로크가 전통적인 절대군주제든 홉스적인 절대군주제든 일체의 절대군주제를 자연상태로 비판하는 근거가 된다. 나아가 로크의 주장은 정치사회의 단위를 단지 일국적 수준에서만이 아니라 국제관계의 수준에서 좀더 확대된 형태로 추구할 필요성과 가능성을 헤아리게 한다는 점에서 오늘날에도 깊이 되새겨볼 만하다.

정치사회의 새로운 기원을 찾다

정치적 권위의 정당성을 하느님이 아담에게 부여한 지상의 지배권과 그것의 상속으로 설명했던 왕권신수설을 논박한 후 로크의 과제는 정치사회의 새로운 기원을 제시하는 것이었다. 로크는 인간이 자연상태에서 벗어나 정치사회의 상태로 들어가게 되는 과정을 다음과 같이 설명한다. 자연상태에서 일정한 수의 사람들이 서로 결합하여 하나의 사회를 형성하고, 각자 자신이 갖고 있는 자연법의 집행권을 포기하여, 공동체가 제정한 법에 따라 모든 사건에 관해서 보호를 호소할 수 있는 공동체의 수중에 그 권력을 양도한다.

> 그리고 이런 권력 양도는 하나의 정치사회로 결속하는 데 단순히 합의함으로써 행해지는데, 이 합의야말로 어떤 국가에 가입하거나 그것을 구성하는 개인들 간에 이루어지는 혹은 이루어질 필요가 있는 협약의 전부다. 이와 같이 어떤 정치사회를 시작시키고 실제로 설립하는 것은 다수를 형성할 수 있는 어떤 수의 자유인들이 그런 사회로 결속하여 통합을 이루기로 하는 동의밖에 없다. 그리고 이것이, 오직 이것만이, 세상의 모든 합법적인 정부에 발단을 제공했고, 또 제공할 수 있었다.
>
> 『통치론』 제8장 99절

요컨대 "정치사회의 모든 평화적인 시작"과 모든 "합법적인 정부의 출범"은 단일 사회를 결성하여 가입하고자 하는 개개인들의 동의와 협정에 기초를 두고 있다는 것이 로크의 주장이다. 그는 이러한 주장에 대한 예상 가능한 반론을 스스로 던져보고 그것을 다시 조목조목 반박하는 방식으로 자신의 주장을 강화한다. 그에 따르면 정치사회의 기원을 동의 및 계약으로 설명하는 입장에 대해 제기될 법한 반론은 크게 두 가지다. 첫째는 독립된, 그리고 상호 평등한 일단의 사람들이 함께 모여 그런 식으로 정부를 시작하고 창설했음을 보여주는 역사적 실례가 어디서도 발견되지 않는다는 것이다. 두 번째 반론은, 모든 인간은 이미 존재하는 어떤 정부하에서 태어나고 그 정부에 복종해야 하기 때문에 새로운 정치사회를 수립하기로 계약할 수 있을 만큼 자유롭지 못하다는 것이다.

첫 번째 반론에 대한 로크의 재반박은 두 단계로 이루어진다. 우선 그는 모든 곳에서 정부의 발생이 문서상의 기록보다 먼저 이루어졌고, 나중에 문자가 보급되어 국가의 기원을 연구하기 시작했을 때는 과거 사실에 대한 기억이 이미 사라진 후라는 논리로 대응한다. 다시 말해, 정치사회의 기원이 동의와 계약임을 입증하는 역사적 사례를 발견할 수 없는 것은 "국가의 출생과 유아기에 관한 무지" 탓이므로 그 점을 근거로 한 반론은 받아들일 수 없다는 것이다. 다음으로 로크는 "세계에서 우리가 가지고 있는 기록"은 가부장권에 기원을 둔 군주제조차 역사 초기에는 선거제 혹은 선출제에 기초하고 있었음을 보여준다고 주장함으로써 좀더 적극적으로 자신의 입장을 옹호한다.

> 자연적으로 자유로웠으며 자신의 동의에 의해 자기 아버지의 통치에 복종했거나 아니면 서로 다른 가족이 함께 결속하여 하나의 정부를 만들었던 인민이 일반적으로 지배를 한 인간의 수중에 맡기고 단일 개인의 지도 아래 있기로, 그것도 그의 권력을 제한하거나 규제할 명시적 조건에 의거하지조차 않으면서 그리 하기로 선택한다는 것은 아주 있을 법한 일이다. 그들은 그 인간의 정직함과 사려 깊음으로 보아 그렇게 하는 것이

충분히 안전하다고 생각했던 것이다. 그렇다고 해도 그들은 군주정이 신성한 권리에 의거한 것이라고는 꿈에도 생각해 본 적이 없었는데, 요 근래 신학이 우리에게 드러내주기 전까지는 우리도 그것을 인류 사이에서 들어 본 적이 전혀 없다. 또한 그들은 부친 권력이 지배권에 대한 권리를 가지도록 혹은 모든 정부의 토대가 되도록 허용한 적도 결코 없었다.

『통치론』 제8장 112절

즉 "정부의 모든 평화적인 시작은 인민의 동의에 기초를 두고 있다"는 자신의 주장이 오히려 역사가 최대한 보여주는 바에 충실히 따른 결론이라는 것이다.

두 번째 반론에 대한 로크의 재반박은 좀더 도발적이다. 그는 어떤 사람도 서로 결합하여 새로운 정치사회를 시작하거나 합법적인 정부를 창설할 수 있을 만큼 자유롭지 않다면 도대체 어떻게 해서 그토록 많은 합법적인 군주국들이 이 세계에 출현하게 되었겠느냐고 되묻는다. 그러고는 "누구라도 저 가정에 입각해서 세상의 어느 시대에서든 합법적인 군주정을 시작할 만큼 자유로운 어떤 한 인간을 내게 보여줄 수 있다면, 나는 그에게 동시에 결합해서 (왕정하에서든 다른 어떤 형태하에서든) 새 정부를 시작할 만큼 자유로운 상태에 있는 열 명의 다른 자유로운 인간들을 보여줄 부담을 기꺼이 지겠다"고 큰소리를 친다. 즉 이 세상에 단 하나의 제국 혹은 보편적인 군주제가 존재하는 것이 아니라 크고 작은 많은 합법적인 왕국들이 역사 과정 속에서 소멸하거나 새로 등장하며 존재해왔다는 사실 자체가 개인들의 동의와 계약이 정치사회의 기원이라는 로크 자신의 주장을 지지하는 증거라는 것이다.

이렇게 해서 로크는 신권 혹은 부권의 세습을 대신할 정치사회의 새로운 기원에 관한 논의를 마무리 짓는다. 그가 제시하는 이 새로운 기원은 "모든 인간이 자연적으로 자유롭고 평등하다"는 자유주의적 가정과 지배–복종의 정치적 위계 관계가 여전히 존재하는 현실 간의 딜레마를 자유주의적으로 해결하는 장치가 되었다. 현실의 정치 공동체에서 인간은, 그들이 자연상태에서 누렸던 자유와 평등이 무색하게, 지배계층과 피지배계층으로 나뉜 채 살고 있다. 누군가는 통치를 담당하여 결정권과 처벌권을 행사하는 반면 다른 누군가는 그 결정에 따르고 명령에 복종해야만 하는 것이다. 인간의 자연적 자유와 평등을 가정하는 자는 현실의 이러한 상황을 어떤 식으로든 설명하지 않으면 안 된다. 예를 들어 홉스는 계약의 결과 리바이어던이 탄생하는 것으로 설명함으로써 그러한 딜레마를 권위적으로 해소해버린다.

이에 비해 정치사회의 기원에 관한 로크의 논변은 그 같은 딜레마를 자유주의적으로 설명하는 데 성공한다. 그에 따르면, 시민사회에 가입하여 어떤 국가의 구성원이 된 사람은 그가 자연상태에서 가졌던(자연법의 위반 행위에 대한) 재판권과 처벌권을 공동체에 양도한 것이다. 따라서 공동체가 행하는 재판은 사실상 그 자신의 재판이고, 재판의 결과를 집행하기 위해 공동체가 사용하는 권력도 그가 공동체에 내어준 그 자신의 힘이다. 로크에게 이 '공동체'는 홉스의 리바이어던처럼 계약과 무관한 제3자가 아니라 계약 당사자들의 집단이므로 그것과 개별 구성원들 간에 혹은 공동체가 권한을 위임한 대표와 개인들 간에 어떠한 위계적 관계도 성립하지 않는다.

구성원 개인의 동의와 위임을 기원으로 하는 공동체 내의 입법권(자)과 집행권(자)은 무소불위의 권한을 행사하는 지배자이기보다 계약의 직접적인 구속을 받으면서 맡겨진 책임과 의무를 다해야 하는 일종의 청지기이다. 그러므로 계약 이후에도 로크의 개인은 평등한 지위와 자유를 잃지 않는다. 나 자신의 동의가 없는 한 어느 누구도 나를 정당하게 지배할 수 없고, 또 나는 거기에 복종할 필요가 없다는 원칙에 입각해서 보면, 현실 세계에서 경험하게 되는 지배-복종이란 결국 내가 나를 지배하고 또 내가 나에게 복종하는 것에 다름 아니다.

로크, 대의제를 제안하다

계약 후의 계약?

홉스가 『리바이어던』을 출간한 1651년부터 루소 의 『사회계약론$^{Du\ Contrat\ Social}$』이 출간된 1762년에 이르는 한 세기는 종종 '사회계약론의 위대한 시 대'라고 불린다. 홉스와 로크, 루소는 대표적인 사회계약론자들 이다. 그런데 엄밀히 말해 홉스나 로크는 루소와 달리 자신들의 논의 에서 명시적으로 '사회계약^{social} ^{contract}'이라는 개념을 사용한 적이 없다. 단지 그들이 사회 혹은 국가 의 설립을 자연상태의 개인이 맺는 계약으로 설명한다는 점에서, 다시 말해 그들에게 계약이란 결국 사회 를 창출하는 계약이라는 점에서 통

직접민주주의를 주창한 루소

상 그들을 사회계약론자라고 부르는 것이다.

그런데 사실 '사회계약'이라는 개념은, 밀접히 결합되어 있기는 하나 구분해서 이해할 필요가 있는 두 개의 관념으로 이루어져 있다. 학자들은 그것을 (문자 그대로의) 사회계약과 통치계약(혹은 정부계약)으로 부른다. 사회계약은 평등하고 독립적인 개인들이 자유로운 결정으로 하나의 단일한 공동체를 수립하기로 동의함으로써 맺어진다. 즉 이 계약의 당사자는 구성원 각자가 된다. 이에 비해 통치계약이란 통치 행위를 발생시키는 계약 혹은 정부를 구성하는 계약으로서, 이때 계약의 당사자는 통치자와 신민이 된다. 그런데 사회를 이루어 살기로 하는 계약이 필연적으로 혹은 자동적으로 통치계약을 발생시키는 것은 아니다. 사회계약의 결과 수립된 공동체가 통치자와 신민의 구분 없이 더불어 지배하고 지배받으며 자치적으로 운영될 수 있고, 그렇다면 거기서는 사회계약의 당사자들 간에 따로 통치계약을 맺을 필요가 없을 것이기 때문이다. 루소의 사회계약론이 바로 이런 경우에 해당한다. 루소는 사회계약과 별도로 이루어지는 통치계약에 굳이 관심을 가질 이유가 없었다.

이처럼 사회계약은 통치계약을 필수불가결하게 수반하지 않고 그 자체만으로 존재 가능한 데 비해 통치계약은 개념상 사회계약을 전제하지 않을 수 없다. 통치계약은 오직 통치 행위와 그것에 필수적인 정치권력을 창출할 뿐이다. 그러므로 통치계약이 성립하기 위해서는 공통된 사회적 의지로 결집된 잠재적 신민 집단과 그러한 의지에 부응하여 통치의 부담을 떠맡을 태세가 되어 있는 잠재적 통치자의 존재가 계약 체결 이전에 확보되어

있어야 한다. 정치적 지배-복종의 위계적 관계를 계약 이론으로 설명하려는 한, 그 계약의 당사자와 그들의 공동체를 확보하기 위한 사회계약의 존재를 가정하지 않을 수 없는 것이다.

이 대목에서 홉스를 루소와 정반대의 경우로 떠올릴지 모르겠다. 홉스의 계약론은 통치계약 관념에 딱 들어맞는 것으로서, 어쩌면 그는 '사회계약론자'가 아니라 '통치계약론자'로 불려야 하는 것 아닌가 하고 말이다. 결론부터 말하자면, 그렇지 않다. 오히려 홉스도 루소처럼 통치계약에는 별반 관심이 없었다고 할 수 있다. 앞서 살펴본 대로 홉스의 사회계약은 자연상태의 개인들이 자신의 모든 권리를 주권자인 리바이어던에게 양도하기로 하는 것이었다. 그의 이론 안에서 리바이어던은 계약의 결과 발생하는 강력한 형태의 통치자임에도 불구하고, 그의 신민과 계약을 체결한 계약 당사자가 아니다. 만일 계약 후 어떤 신민이 리바이어던에 복종하기를 거부한다면 그는 리바이어던에 대해서가 아니라 다른 신민들에 대해 계약을 위반한 셈이 된다. 계약의 의무나 한계는 신민들 상호 간에 적용되는 것이며, 정작 리바이어던 자신은 계약에서 발생하는 어떠한 의무나 한계에도 구속받지 않는다. 그러므로 통치자와 신민들 간에 맺어지는 계약으로 정부의 구성이나 정치적 지배-복종 관계의 발생을 설명하는 통치계약의 관념과 홉스의 계약론은 어울리지 않는다. 홉스는 통치자로서의 리바이어던에 관한 논의에 상당한 지면을 할애하면서도 그가 구상한 리바이어던의 독특한 기원과 성격, 지위 때문에 통치계약보다 사회계약의 관념을 중시하고 발전시켰다.

그렇다면 로크는 어떨까? 같은 사회계약론자이지만 로크는 홉스나 루소에 비해 사회계약과 통치계약이라는 두 관념으로 이루어진 '사회계약론'의 특유한 형태를 비교적 잘 보여주는 것으로 평가받는다. 만장일치의 사회계약을 통해 형성된 공동체가 다수의 의지와 결정에 따라 그 공동체를 움직일 정부를 '수탁자'로 임명하고 공동체의 권위를 위임하여 통치를 행하도록 한다고 보는 점에서 그러하다. 특히 이 문제는 그의 대의제 논의와 밀접한 연관이 있다. 그러므로 로크에게 사회계약과 통치계약이라는 두 관념이 어떻게 연결되어 혹은 구분되어 나타나는지 찬찬히 살펴보면서 그의 대의제 구상을 이해하고 평가해보도록 하자.

물론 로크가 그의 논의에서 명시적으로 '통치계약'이라는 표현을 사용하고 있지는 않다. 그에게서 사회계약과는 구별되는 통치계약의 관념이 발견된다고 보는 것은, 예컨대 그가 "다른 사람들과 더불어 하나의 사회를 결성한 원초적 계약"이라는 표현을 사용한다든지 "공동체가 그 권력을 위임한 입법부", "사회의 신탁에 근거해서 활동하는 입법권" 등에서와 같이 사회계약 이후 '위임'과 '신탁'에 의한 입법부 및 정부의 구성을 재차 설명하기 때문이다. 이때의 '위임'과 '신탁'을 일종의 통치계약으로 이해할 수 있다.

로크는 루소처럼 모든 인민이 동등하게 정치에 참여하는 직접 민주주의의 이상을 제시하거나 자치공동체를 상정하지 않았다. 그는 사회계약 자체는 그 성격상 만장일치의 합의로 이루어질 수밖에 없지만, 사회계약 이후 수립된 공동체가 활동하고 존속하기 위해서는 다수의 동의가 모든 개인을 구속한다고 보았다. "건강상의 허약함과 업무의 번다함 …… 거기에다 인간들의 온

갓 모임에서 어쩔 수 없이 생겨나는 의견의 다양성과 이해관계의 대립"을 감안할 때, 완벽한 자치나 직접민주주의는 현실적으로 불가능하다는 게 그의 생각이었다. 즉 그는 일인의 군주이든 소수 집단이든 혹은 절대 다수의 인민이든 일정한 형태의 대표 체제가 사회계약 후의 정치사회를 통치할 것으로 생각했다. 게다가 이때 대표는 공동체의 전체 성원이 그들의 권력을 위임함으로써 발생하고, 대표의 통치 행위는 신탁에 근거한다는 점에서 홉스의 리바이어던과 달리 공동체 구성원에 대해 책임과 의무를 지는 존재다. 그러므로 로크의 사회계약론은, 자연상태에서 이루어지는 사회계약과는 별도로, 사회계약 이후 혹은 적어도 그것과 거의 동시에, 공동체 구성원과 그들의 대표 사이에 맺어지는 이른바 통치계약의 관념을 내포한다고 볼 수 있는 여지가 있다.

그러나 엄밀한 의미에서 '위임'과 '신탁', 특히 후자의 개념은 통치자(혹은 정부)와 신민(혹은 인민)간의 통치계약이 통상적으로 함축하는 것보다 훨씬 더 통치자(혹은 정부)를 불리하게 구속한다. 신탁이라는 개념은 일반적으로 3명의 당사자, 곧 신탁자와 수탁자 그리고 신탁의 수혜자를 전제한다. 수탁자는 신탁의 수혜자에 대해 일정한 의무를 이행하기로 하는 계약을 신탁자와 체결한다고 할 수 있다. 이때 신탁의 수혜자는 계약의 당사자가 아니며, 따라서 신탁의 수혜자에 관한 한 수탁자는 오직 의무만을 질 뿐이다.

이러한 논리의 연장선상에서 로크의 이른바 통치계약 관념을 해석해보면, 우선 공동체가 신탁자이면서 동시에 신탁의 수혜자로 등장함을 주목해볼 수 있다. 신탁자로서 공동체는 수탁자, 곧 정부와 계약을 맺는다고 할 수 있지만, 신탁의 수혜자로서 공동체는 정부와 어떤 계약도 체결하지 않는다. 원래 계약이란 자신이 얻게 될 이익의 대가로 권리의 일부를 양도하는 독립된 두 당사자 간의 합의를 의미한다. 그러나 신탁으로 설명되는 통치계약에서 수탁자는 수혜자에 대해 그처럼 독립된 당사자가 아니다. 수탁자는 수혜자에 대해서 의무만을 부담할 뿐 어떤 권리도 주장할 수 없고, 반면에 수혜자는 수탁자에 대해서 권리만을 지닐 뿐 어떤 의무도 지지 않는다. 다시 말해, 신탁으로서의 통치계약은 통치를 담당하는 쪽의 일방적인 의무를 강조한다는 점에서 통상적인 통치계약의 발상보다 정부의 권한과 활동을 엄격히 제한한다. 로크가 권력의 남용 또는 방기를 이유로 공동체에 의해 정부가 폐지될 수 있다고 주장했던 것은 이런 맥락에서이다. 신탁자이면서 동시에 그 신탁의 수혜인 공동체는 신탁에 반하는 행위를 하는 정부에 대해 그 존재를 원천적으로 무효화하는 데까지 책임을 물을 수 있는 것이다.

로크의 사회계약론에서 시사되는 정부와 인민 간의 관계는 홉스에게서 살펴본 리바이어던과 신민 간의 관계를 정확히 뒤집어서 보여준다. 홉스의 사회계약은 신민들 상호간에 맺어지는 것으로서, 리바이어던은 계약의 당사자가 아니기 때문에 계약으로 인한 어떠한 구속도 받지 않고 신민들에 대해 일체 의무도 지지 않으며 천하무적의 권력을 행사할 수 있었다. 반면에 신탁으로 설명되는 로크의 통치계약은 신탁의 수혜자로서 인민이 계약의 당사자가 아니기 때문에 수탁자인 정부에 대해 아무런 의무는 없이 권리만 주장하고, 심지어 정부의 폐지를 결정할 정도로 책임을 물을 수 있게 한다. 인민은 다만 원초적인 사회계약이 요구하는 의무, 곧 공동체를 유지하고 보존할 의무를 서로에 대해 질 뿐이다.

대의정부와 리바이어던의 차이점

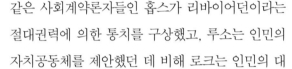

같은 사회계약론자들인 홉스가 리바이어던이라는 절대권력에 의한 통치를 구상했고, 루소는 인민의 자치공동체를 제안했던 데 비해 로크는 인민의 대표에 의한 통치 체제를 제시했다. 신탁으로 설명되는 통치계약의 내용만 놓고 보더라도 로크의 대의정부가 홉스의 리바이어던과 어떻게 또 얼마나 다른지 충분히 짐작이 가겠지만, 그래도 이 점을 좀더 일목요연하게 정리함으로써 국가와 인민 개인의 관계에 대한 두 사람의 시각 차를 알아보기로 하자.

우선 로크의 대의정부는 정부의 목적과 권한의 범위 면에서 홉스의 리바이어던과 중요한 차이를 보인다. 리바이어던의 목적은 공동체의 평화와 안전을 확보, 보장하는 것이었다. 이에 비해 로크의 대의정부는 공동체 구성원들의 '재산' 보존을 주된 목적으로 한다. 앞에서 살펴보았듯이, 로크의 자연상태에서 개인들은 어느 누구도 다른 사람보다 더 많이 가지지 않고, 어떤 복종이나 종속도 없는 평등의 상태를 향유했다. 그뿐만 아니라 "타인의 허락을 구하거나 그의 의지에 구애받지 않고 자연법의 테두리 안에서 스스로 적당하다고 생각하는 바에 따라 자신의 행동을 규율하고 자신의 소유물과 인신을 처분할 수 있는 완전한 자유"를 누리고 있었다. 즉 자연상태에서 각 개인은 자신의 생명과 자유와 소유물에 대한 권리를 평등하게 가지고 있었다. 로크는 이러한 자연상태의 개인들이 "공동체를 결성하고 스스로를 정부의 지배하에 두고자 하는 가장 크고 주된 목적은 그들의 재산을 보존하기 위함"이라고 본다.

로크가 사회계약의 동기 혹은 목적을 각 개인이 자연상태에서 갖고 있던 재산의 상호보존에서 찾았다는 것은 중요한 의미를 지닌다. 사회계약의 결과 수립되는 정부의 목적은 계약의 동기 및 목적에 종속되지 않을 수 없기 때문에, 결국 로크에게는 정부의 임무가 공동체 구성원들이 정부 발생 이전부터 갖고 있던 자연권을 안전하게 보장하는 것이라고 할 수 있다. 물론 로크의 '재산' 개념이 생명과 자유, 자산을 포괄하는 광의의 것이었다는 점을 감안하면, 공동체 구성원의 재산 보존이라는 정부의 목적은 궁극적으로 공동체의 평화와 안전 보장까지 포함하는 것이 된다. 평화와 안전이 보장되지 않고서는 재산의 보존이 도저히 가능하지 않을 테니 말이다.

그런데 로크가 홉스처럼 평화와 안전을 정부의 목적으로 부각하기보다 재산 보존을 앞세운 까닭은 무엇이었을까? 그것은 아마도 정

> **재산**
>
> 로크는 '재산'이라는 개념을 상당히 넓은 뜻으로 쓴다. 이때 '재산'은 영어 'property'의 번역이다. 그는 오늘날 그 단어가 주로 지칭하는 유·무형의 자산(이것을 로크는 'estate'로 부른다)만이 아니라 생명, 자유까지 포괄하는 의미로 '재산'이라는 단어를 사용한다. 따라서 개인의 재산 보존이 정부의 목적이라고 할 때 그 의미는 단순히 개인의 자산 침해를 방지한다는 정도를 넘어 그의 생명과 자유의 보호까지 책임을 진다는 것이 된다. 로크의 '재산' 개념이 이처럼 포괄적인 의미로 사용된다는 점은 앞으로 계속 유의할 필요가 있다.

부의 역할 혹은 임무가 자연상태에 없던 것을 새로이 만들어내거나 부여하는 것이 아니라 이미 존재하고 있던 개인의 권리를 좀더 안전하게 보장하고 강화하는 것이라는 점을 보이기 위해서였다고 생각된다. 홉스가 설정한 자연상태는 생산 활동도 소유도 없고, 학문도 예술도 없으며, 심지어 정의와 불의도 존재하지 않는 비非사회상태였다. 따라서 홉스에게 개인의 노동권, 소유권, 지적 재산권이나 학문 및 예술의 자유 등은 '자연권'이 아니라 계약 이후 리바이어던에 의해 부여되는 '사회적' 권리로 인식되었다.

정부의 목적에 관해 홉스와 로크가 보이는 이러한 인식 차이는 결국 리바이어던과 대의정부의 권한 범위나 정도에 대한 두 사람의 시각의 차이로 자연스럽게 연결된다. 로크는 정부의 목적을 각 개인이 정치사회를 수립하기 이전부터 가지고 있던 자연권을 더욱 안전하게 보장하는 데서 찾았으므로, 홉스처럼 정부의 권한이 어느 정도로 막강하며 어디까지 미치는가 하는 점을 보이는 데 상상력을 발휘하기보다 오히려 정부 권한의 한계를 명확하게 설정하는 데 지적인 노력을 기울였다. 그가 국가의 단일한 최고 권력으로 지칭된 입법권의 범위를 어떻게 제한했는지 정리해보면 다음과 같다.

1 입법권은 인민의 생명과 재산에 대한 절대적으로 자의적인 권력이 아니며 그런 권력일 수도 없다. 입법권의 최대한도는 사회의 공공

선으로 제한된다. 그것은 보존 이외에 다른 어떤 목적도 갖지 않는
권력이며, 그러므로 신민들을 죽이거나 노예로 삼거나 고의로 궁핍
하게 만들 권리를 결코 가질 수 없다.

2 입법권 또는 최고의 권위는 즉흥적이고 자의적인 명령에 의해서
통치권을 행사할 수 없다. 그것은 널리 공포된 상시적인 법률과
권위를 부여받은 알려진 재판관들을 통해 정의를 시행해야 하고
신민의 권리를 결정해야 한다.

3 최고 권력은 어느 누구로부터든지 그의 동의 없이는 그의 소유의
어떤 부분도 가져갈 수 없다. 정부는, 인민들 자신에 의한 것이든
아니면 그들이 선택한 대표자들에 의한 것이든, 인민 다수의 동의
없이 그들의 재산에 세금을 부과해서는 안 된다.

4 입법부는 법률을 제정할 권력을 그 외 다른 누군가에게 이양해서
는 안 되며 인민이 그 권력을 둔 곳 이외의 다른 곳에 그것을 두
어서도 안 된다.

다음으로 로크의 대의정부는 일종의 권력분립 형태를 띤다는
점에서 주권의 분할을 철저히 금했던 홉스의 리바이어던 구상과
차이가 있고, 또한 인민에 의해 그 권한이 폐지될 수 있다는 점에
서 주권의 철회 가능성이 원천적으로 배제된 리바이어던과 차이
를 보인다. 이제 이 점들에 대해 좀더 자세히 살펴보기로 하자.

로크식
권력분립

홉스와 달리 로크는 자신의 논의에서 '주권'이라는 개념을 좀처럼 사용하지 않는다. 대신 국가의 단일한 최고 권력을 '입법권'으로 지칭하는데, 그에 의하면 입법권이란 "공동체와 그 구성원들을 보존하기 위해 국가의 위력이 어떻게 사용될지를 지시할 권리를 갖는 권력"이다. 로크의 자연상태는 홉스의 그것처럼 전쟁상태가 아님에도 불구하고, 자연상태의 개인들이 정치사회를 설립하기 위해 계약에 나서게 되는 까닭은 사람들 사이의 분쟁을 해결할 공통의 재판관이 없다는 결정적 결함 때문이었다. 즉 로크는 "모든 분쟁을 해결하고 공동체의 구성원들에게 발생하는 침해를 보상해줄 권위를 가진 재판관을 지상에 설정함으로써 인간은 자연상태에서 벗어나 국가의 상태로 들어가게 된다"고 보았다. 그런데 그에 따르면, 정치사회의 수립과 함께 탄생하는 바로 그 공통의 재판관은 "입법부이거나 그것이 임명한 통치권자"이다.

오늘날의 상식으로 생각하면 재판은 사법부의 역할이고, 따라서 "공통의 우월한 재판관"을 확보한 로크의 정치사회는 사법부가 최고의 권위를 갖는 상태이겠거니 짐작하기가 쉽다. 하지만 로크는 권력분립적인 대의정부를 구상하면서 따로 사법부를 염두에 두지는 않았으며, 입법부에 최고의 권위를 갖는 재판관 자격을 부여했다. 물론 로크의 논의에서도 입법부의 소임은 공동체를 위해 법률을 제정하는 것이다. 따라서 로크가 입법부를 공동체 구성원들 사이에서 발생하는 분쟁을 해결하고 침해를 보상해줄 재판관으로 상정했다는 것은, 실제로 입법부가 오늘날의 사법부 역할을 하도록 구상했다기보다 입법부가 제정하는 법 그 자체가 분쟁 해결과 침해 보상의 기준이 된다고 보았다는 의미다. 그러니까 엄밀히 말하자면, 입법부에 의해 제정되는 법이 '공통의 재판관'이 되는 셈이다.

로크는 입법부에 의해 제정된 법이 그 적용과 해석을 둘러싸고 공동체 구성원들 사이에 다시 분쟁을 일으킬 가능성이나 법 집행의 적절성과 관련하여 갈등이 유발될 가능성에 대해서는 고려하지 않는다. 입법부가 공동체로부터 위임받은 신탁에 따라 제정한 법은 자연법에 비해 구체적일뿐더러 객관적·중립적인 적용이 가능하므로, 입법부가 제대로 조직되어 법이 제정되기만 하면 그 법에 따라 정치사회는 잘 운영될 것으로 보았다. 즉 로크로서는 사법부의 존재를 중시해야 할 필요가 별로 없었다.

그렇다면 로크의 권력분립은 어떤 형태를 띠는 것일까? 그는 국가의 최고 권력인 입법권 외에 집행권과 결맹권結盟權, federative power을 인정한다. 여기서 집행권은 한 사회 내에서 그 구성원 모두를 대상으로 하여 국내법의 집행을 담당하는 권력을 뜻한다. 그리고 결맹권은 전쟁 및 강화講和, 연맹 및 동맹, 그리고 국가 밖에 있는 모든 사람 및 공동체와의 일체의 교섭을 담당하는 권력, 곧 대외 관계의 문제에서 공공의 안전과 이익을 책임지는 권력을 지칭한다. 그러므로 입법권·집행권·결맹권의 분리가 로크의 권력분립안이라고 할 수 있는데, 이것은 흔히 입법권·행정권·사법권으로 구분되는 오늘날의 삼권분립과는 그 형태상 차이가 있다. 사법권 대신 결맹권이 상정되었다는 점에서뿐만 아니라 로크는 집행권과 결맹권이 이론상 구별되는 것이기는 하지만 현실적으로는 분리되지 않고 하나의 기관에 맡겨져야 한다고 보았

다는 점에서 그러하다. 그러니까 실제로 로크는 삼권三權이 아니라 이권二權분립을 말했던 셈이다.

또한 로크의 권력분립안은 내용적인 면에서도 오늘날의 삼권분립론과 차이가 있다. 로크는 집행권이 입법권에 종속되고 책임을 질 뿐만 아니라 입법부의 뜻에 따라 임명, 변경, 해임되는 권력 체제를 구상했다. 즉 로크의 권력분립은 권력기관들 상호 간의 견제와 균형을 위한 장치로 제안된 것이 아니었다. 그는 권력분립이 입법권과 집행권 각각의 성격이나 기능상 자연스럽게 발생한다고 생각했다. 법률은 즉각적으로, 단기간에 만들어질 수 있기 때문에 입법부는 항상 업무가 있는 것이 아니고, 따라서 상시적으로 개회 중일 필요가 없다. 반면에 법률은 항구적이고 지속적인 효력을 가지면서 계속적으로 집행될 필요가 있고, 적어도 그러한 집행을 위한 배려를 항시 필요로 한다. 따라서 제정된 법의 집행을 담당하는 권력은 상시적으로 필요하다. 로크는 바로 이런 이유로 입법권과 집행권이 자연스레 분리된다고 보았다.

권력 기관들 간의 견제와 균형을 목적으로 하는 근대 헌법의 삼권분립이 권력의 집중으로 인한 폐해를 막으려는 의도에서 비롯된 것처럼 로크 역시 입법권과 집행권 모두를 수중에 장악하려는 인간의 권력욕에 대한 경계심을 내비친다. 그러나 이른바 권력분립을 이야기하는 맥락에서 그가 근본적으로 우려하는 것은 권력의 집중이라기보다 특정 인물 혹은 집단에 의한 입법권의 지속적인 행사다. 그는 공동체를 위해 법을 만드는 권한이 일정한 사람들에게 고정적으로 주어져 있거나 입법부가 항상 열려 있는 상태를 경계했다. 그럴 경우 입법권을 위임받은 자들은 공공선과 구분되는 그들만의 이해관계를 갖게 되고, 법을 바꾸거나 새로 만들어 자신들의 사리사욕을 채우고 집행권까지 장악하려 할 수 있다는 것이다.

따라서 그에게는 입법권과 집행권의 분리가 근원적인 해결책이 아니다. 로크가 대의정부를 구상하면서 국가권력을 분리하고 권력 기관들 간에 견제와 균형을 도모하는 일보다 더 중시했던 것은 공동체 내 다양한 성원들이 적절한 절차에 따라 번갈아 법을 제정하는 일에 참여하고, 그럼으로써 누구든 법을 제정하는 입법자이면서 동시에 그 법에 복종하는 신민이 되도록 하는 일이었다. 그가 보기에 개별적인 사적 이익이 아니라 공공선을 고려한 법을 제정하는 일은 단순히 입법권과 집행권을 분리한다고 되는 것이 아니라 입법부 자체가 사익 집단으로 고정되는 것을 막아야 가능한 것이었기 때문이다. 누구나 입법자로 소집될 수 있고 또 해당 입법부의 임기가 끝나면 언제든 일반 신민으로 돌아가 다음 입법부의 구성을 기다리는 체제하에서라면 입법권을 위임받은 사람들이 공공선을 위해 법을 만들 것으로 기대할 수 있다는 것이 로크의 생각이었다.

'저항'이 '권리'가 되다

홉스가 주권의 철회 가능성을 전면 부정한 데 비해 로크는 입법권도 집행권도 인민에 의해 폐지될 수 있다고 보았는데, 이러한 생각은 인민의 저항권에 대한 로크의 논의로 연결된다. 로크가 구상한 통치 체제의 백미는 뭐니 뭐니 해도 역시 인민의 저항권을 인정한 데 있다. 왕이 생사여탈生死與奪의 권력을 휘두르고, 왕의 권력에 대한 도전은 신성모독의 대죄로 간주되던 시대에 간 크게도 로크는 인민의 저항을 권리로서 인정했다. 인민의 저항권에 대한 주장은 자연상태와 사회계약에 관한 그의 논의의 자연스럽고도 당연한 귀결로 제시된다. 로크의 논리 전개 과정을 다시 한 번 따라가보자.

1 국가가 존재하기 이전의 자연상태에서 로크의 개인들은 이미 신이 부여한 자연권의 주체로서 '자연법의 테두리 안에서 스스로 적당하다고 생각하는 바에 따라 자신의 행동을 규율하고 자신의 소유물과 인신을 처분할 수 있는 완전한 자유'를 누리고 있었다.

2 자연상태의 개인들은 자신의 복지와 안전을 더욱 확실히 하기 위해 계약을 맺고 국가를 수립했다.

3 계약 후 정치사회에서는 입법권이 단일한 국가 최고 권력으로 설정되지만, 입법권은 인민의 복지라는 일정한 목적을 위해서만 활동할 수 있는, 단지 신탁된 권력이다.

4 그러므로 입법권을 담당한 자들이 그들에게 맡겨진 신탁에 반해서 행동하는 것이 발견될 때 인민은 입법부를 폐지하거나 변경할 수 있다.

여기서 한 가지 흥미로운 점은 인민의 저항권과 정부의 해체를 본격적으로 정당화하기에 앞서 로크가 사회의 해체와 정부의 해체를 구분해야 한다고 역설한다는 것이다. 둘 사이의 구분은 결국 로크가 정치사회와 정부를 구분해서 보고 있다는 의미이고, 이는 로크의 계약론이 사회계약과 통치계약이라는 두 가지 구분되는 관념으로 이루어져 있다는 분석을 뒷받침하는 것이기도 하다. 그런데 지금까지 자신의 논의를 전개하는 동안 정치사회와 시민사회, 정부라는 개념을 명시적으로 구분하지 않고 두루뭉술하게 사용했던 로크가 논의의 말미에 이르러, 그것도 인민의 저항권을 당연한 것으로 귀결 짓는 대목에서 새삼스럽게 사회의 해체와 정부의 해체는 서로 다른 것이라고 강조하는 이유는 무엇일까? 그것은 그 둘이 다른 것이라고 구분함으로써 정부의 해체가 곧 사회의 해체, 그러니까 자연상태로의 복귀를 의미하는 것이 아니라는 점, 따라서 정부의 해체를 초래하는 인민의 저항을 권리로서 인정하는 것이 그리 대단히 급진적이거나 무질서와 혼란을 부르는 불온한 주장이 아니라는 점을 미리 분명히 해두고자 함이었다.

로크는 사람들이 자연상태로 되돌아가게 되는 사회의 해체는 외국 군대의 침입에 의해 정복당하는 경우에 발생한다고 지적한다. 이처럼 사회가 해체되는 경우에는 그 정부 역시 살아남을 수 없기 때문에 사회의 해체는 자동적으로 정부의 해체를 수반한다. 하지만 인민의 저항에 따른 정부의 해체는 사회의 해체를 필연적으로 동반하지 않는다. 설사 정부가 해체된다고 하더라도, 그것은 단지 입법권의 철회 혹은 최고 권력자의 변경을 의미할 뿐 사회계약의 무효를 뜻하는 것은 아니다. 즉 개인들은 이전에 빠져나온 불완전하고 불안한 자연상태로 돌아가는 것이 아니라 여전히 공동체를 유지한 채로 있다.

이 점을 명백히 한 후 로크는 다음과 같은 경우에 정부가 해체되며 인민이 "원래의 자유를 회복할 권리와(그들이 적합하다고 생각하는 바에 따라) 새로운 입법부를 설립함으로써 바로 그들이 사회에 가입한 목적에 다름 아닌 그들 자신의 안전과 안보를 강구할 수 있는 권리를 가지게 된다"고 주장한다.

---

1 국가에서 권력을 가진 자들이 권력을 남용하여 입법부를 변경할 때, 예컨대 사회의 의지인 법률을 자의적인 의지로 대체하거나 정

해진 시기에 입법부가 집회를 갖는 것 혹은 그것이 설립된 목적에 의거하여 활동하는 것을 방해할 경우, 자의적인 권력에 의해서 인민의 동의 없이 또는 인민의 공통된 이익에 반해 선거인단이나 선거 방법을 변경할 경우, 군주나 입법부가 인민을 외국 세력에 넘겨서 예속시킬 경우 등.

2 최고의 집행권을 가진 자가 자신의 임무를 게을리하고 방기함으로써 이미 제정된 법률이 더 이상 집행될 수 없을 때.

3 입법부와 군주, 둘 중 어느 한편이 그들의 신탁에 반해서 행동할 때. 예컨대 신민 혹은 공동체 구성원의 재산을 침해하고 자신들이나 공동체의 특정 부분을 인민의 생명, 자유, 재산의 주인 또는 자의적인 처분자로 만들고자 기도할 경우 등.

그런데 여기서 로크가 옹호하는 저항의 권리는 두 가지 점에서 급진적이다. 우선 그것은 "폭정으로부터 벗어날 권리뿐만 아니라 그것을 예방할 권리"까지도 포함하고 있다.

압제나 계략에 의해 혹은 외세에 넘겨줌으로써 그들의 예전 입법부가 사라지고 나서야 인민들에게 새로운 입법부를 설립하여 스스로 삶을 꾸려나가도 좋다고 말하는 것은, 너무 늦어서 악폐를 치유할 때가 지나고서야 구제를 기대해도 좋다고 말하는 것일 뿐이다. 이는 사실상, 그들에게 먼저 노예가 되라고 분부를 내린 다음 그들 자신의 자유를 돌보라고 분부하는 것에 다름 아니며, 또한 그들이 사슬에 묶이고 나서야 자유인처럼 행동해도 좋다고 말하는 것이나 마찬가지다. 이는, 설령

어찌어찌 그렇게 된다 하더라도, 구제라기보다는 오히려 조롱이다. 그리고 인간은, 그들이 완전히 폭정의 구속 아래 놓이기 전에 그것을 벗어날 수단이 전혀 없다면, 결코 폭정으로부터 안전할 수 없다. 그러므로 인간은 폭정에서 벗어날 권리뿐만 아니라 그것을 예방할 권리도 가지고 있는 것이다.

『통치론』 제19장 220절

또한 권리로서 인민의 저항은 단순히 비폭력적인 시민불복종 형태의 것에 한정되지 않고, 좀더 근본적이며 과격한 방법, 곧 폭력적 저항까지 포괄한다는 점에서 급진적이다.

입법부가 사회에 그토록 필요한 것 그리고 인민의 안전과 보존이 걸린 일을 하지 못하도록 위력으로 방해받는다면 인민은 그것을 위력으로 제거할 권리가 있다. 상황과 조건을 불문하고 권한 없는 위력에 대한 진정한 구제책은 위력으로 그것에 맞서는 일이다. 권한 없이 위력을 사용하는 것은 그렇게 하는 자를 항상 침략자로서 전쟁상태에 들어가게 하며, 그로 하여금 그에 상응하는 취급을 받게 만든다.

『통치론』 제13장 155절

얻어맞는데 오직 방패만 사용해서 공격에 대항하려는 자나 손에 칼도 없이 더욱더 정중한 자세를 취해서 폭행범의 뻔뻔함과 위력을 약화시키려는 자는 곧 저항을 멈출 처지가 될 것이고, 그런 식의 방어는 단지 자기 자신이 더 나쁜 대우를 받게

하는 데만 도움이 될 뿐이라는 점을 깨닫게 될 것이다. ……
그러므로 저항을 해도 좋은 사람에게는 가격하는 것이 허용되
어야 한다.

『통치론』 제19장 235절

저항권 정당화 프로젝트

로크가 주장하는 인민의 저항권은 오늘날의 시각
으로 보더라도 위험천만한 것으로 경계할 만하다.
인민의 복지에 대한 국가의 침해가 발생한 후에
저항하는 것만이 아니라, 침해가 본격적으로 발생하기 전에, 그
러니까 침해의 조짐이 보이기만 하더라도 저항하는 것이 권리로
서 인정되며, 그것도 폭력의 사용까지 허용하니 말이다. 이처럼
급진적인 내용을 지니는 것인 만큼 로크가 제시하는 인민의 저
항권에 대해 어떤 반론이 쏟아져 나올지는 불을 보듯 뻔하다. 인
민의 저항을 권리로서 인정할 경우 무질서와 혼란을 초래하고,
급기야 로크 자신의 의도와는 상반되게 공동체의 붕괴를 가져오
리라는 반론이 그것이다. 로크 역시 이 점을 모르지 않았다. 그
는 자신의 주장이 세상에 공표될 경우 어떤 반론이 예상되는지
다음과 같이 정리한다.

1 인민은 무지한데다가 항상 불만에 차 있어서 정부의 토대를 인민
의 불안정한 의견과 불확실한 기분에 두는 것은 정부를 확실한 파
멸에 빠지게 하는 길이다.
2 인민이 기존의 입법부에 대해 불쾌함을 느낄 때마다 새로운 입법

부를 세울 수 있다면 어떤 정부도 오래 존속될 수 없을 것이다.

3 인민의 권리, 특히 저항권에 대한 가설은 빈번한 반란을 발효시키는 효소가 될 것이다. 즉, 자신들의 자유와 재산에 불법적인 기도가 행해질 때 인민은 복종의 의무로부터 면제되며 통치권자들이 자신에게 맡겨진 신탁에 반해 인민의 재산을 침해하는 경우에 그들의 불법적인 폭력에 대항해도 좋다고 인민들에게 말하는 것은 내전이나 내분을 조장한다. 따라서 이러한 교설은 세계의 평화를 파괴하기 때문에 허용해서는 안 된다.

이런 예상 가능한 반론에 대해 로크는 다시 하나하나 재반론한다. 그의 재반론은 크게 세 가지로 나뉜다.

우선 기득권층 및 그의 논리에 불안을 느끼는 자들을 안심시키기 위해 인민의 보수성을 언급하면서 저항권을 인정한다고 해도 생각만큼 그리 자주 정부의 해체를 요구하는 봉기가 발생하거나 체제의 변화가 일어나는 일은 없다고 말한다.

그런 다음 인민의 저항권을 인정하는 것이 오히려 무질서와 혼란을 방지할 수 있는 최선의 방책이라는 논리로 자신의 입장에 대한 본격적인 정당화에 나선다. 여기서 그는 '반란자^{rebel}'의 문자적 의미를 활용하여 자신의 논의를 뒷받침한다. 그에 따르면, 누구든 무력으로 정부의 제도와 법률을 망가뜨리고 무력으로 그 침해를 정당화하는 사람이야말로 반란자이다. '반란을 일으킨다'는 뜻의 'rebellare'에서 're'는 '다시'를, 'bella'는 '전쟁'을 의미하므로 '반란자'란 '전쟁을 재개하는 자'를 뜻하고, 이는 결국 무력을 사용하여 계약을 파기하고 나머지 공동체 구성원들과 전쟁상태에 돌입하는 자를 지칭하는 것이 된다. 그렇다면 권력을 쥔 자들이야말로 그들이 지닌 권위에 대한 명분과 그들 수중에 있는 무력의 유혹, 그리고 그들 주위에 있는 자들의 아첨에 의해서 반란 행위를 저지를 가능성이 높다. 따라서 로크는 인민의 저항권을 인정하는 것이 반란의 유혹을 가장 크게 느낄 법한 자들에게 반란 행위의 위험과 부적절함을 보여줌으로써 사회의 혼란과 무질서를 막는 방책이 된다고 주장한다.

인민의 저항권에 대한 로크의 마지막 정당화 작업은 "정부의 목적은 인류의 좋음"이라는 원칙에 입각해서 이루어진다. 그는 자신의 저항권 이론이 반란의 토대를 제공한다고 말하는 사람들을 이렇게 조롱한다. "만일 그렇다면, 그들은 같은 근거에서 정직한 인간이 강도나 해적에게 대항하는 것은 무질서와 유혈사태의 원인이 될 수 있으므로 그러지 않는 게 좋다고 말하는 것과 마찬가지다. 그런 경우에 어떤 해악이 발생하면, 그 책임은 자기 자신의 권리를 방어한 자가 아니라 이웃을 침해한 자에게 있다."고 말이다. 그러고 나서 예의 그 원칙에 기대어 다음과 같이 반문하는 것으로 재반박의 말미를 통렬하게 장식한다.

> 정부의 목적은 인류의 좋음이다. 그렇다면 인민이 항상 폭정의 무한한 의지에 시달려야 한다는 쪽과 지배자들이 권력을 과도하게 사용할 뿐더러 인민의 소유를 보존하기 위해서가 아니라 파괴하기 위해 그 권력을 이용할 때는 이따금 반대에 부딪칠 수 있어야 한다는 쪽 중에 어느 편이 인류에게 최선인가?
>
> 『통치론』 제19장 229절

그러나 아직 정부의 해체와 인민의 저항권에 대한 정당화 프로젝트가 완결된 것은 아니다. 저항권에 대해 지금까지 전개한 모든 논의의 기저를 이루는 한 가지 핵심적인 문제가 아직 남아 있기 때문이다. 그것은 다름 아니라 "군주나 입법부가 그들의 신탁과 상반되게 행동하는지 여부에 대해 누가 재판관이 될 것인가?" 하는 문제다. 신탁에 반하는 정부의 해체와 그에 대한 인민의 저항만이 정당한 것으로 인정되기 때문에 입법부나 군주가 신탁에 반해서 행동하는가의 여부를 누가 판단하는가 하는 문제는 저항권 논의를 마무리하면서 반드시 짚고 넘어가지 않을 수 없다. 이에 대한 로크의 대답은 명쾌하다.

> 이에 대해 나는 이렇게 답한다. 인민이 재판관이 될 것이다. 자신의 수탁자 또는 대리인이 그에게 부여된 신탁에 따라 잘 행동하는지 여부에 대해서는, 그에게 위임하고 또 그렇게 위임했기 때문에 그가 신탁에 실패하면 그를 해고할 권력도 여전히 가지고 있는 사람 이외에 누가 재판관이 되겠는가?
>
> 『통치론』 제19장 240절

로크가 입법부나 군주의 신탁 위반 여부를 판정할 재판관으로 그들보다 상위의 또 다른 어떤 권력 기관을 상정하거나 뛰어난 판단 능력을 갖춘 전문가 집단을 내세우지 않았다는 점은 일견 당연하면서도 또 한편으로 의미심장하다. "인민이 재판관"이라는 이 답변은 사실 구체적이거나 현실적이지 못하다. "인민이 재판관"이라는 말이 실효성을 갖기 위해서는 인민이 어떤 과정을 거쳐 어떤 방식으로 신탁 위반 사실을 판단할 것인지 등에 대한 합의가 필요한데, 로크는 그에 대한 후속 논의를 전혀 제시하고 있지 않기 때문이다. 따라서 로크의 답변은 다분히 상징적인 것으로 해석할 수도 있다. 그러나 그 답변의 의미심장함은 바로 거기에 있다. 로크에게 인민은 정치사회를 구성하고 국가의 최고 권력을 창출한 존재라는 점에서 홉스의 신민과 마찬가지로 잠재적 주권자일 뿐만 아니라 국가 권력의 신탁 위반 여부를 일상적으로 재판하는 존재라는 점에서 홉스의 신민과는 달리 현재적 주권자이기도 한 것이다.

전체 인민이 실제로 신탁 위반 여부를 가리는 재판관의 역할을 담당하기 위해서는 여러 가지 이론적 논의와 제도적 장치가 따라야 할 것이다. 그리고 그러한 절차와 제도를 마련하는 과정에서 이론적, 실천적 어려움에 부딪혀 제3의 대표기관으로 신탁 위반 재판소가 설립되거나 그에 관해 전문적인 훈련을 받은 자들이 추천될 수도 있다. 하지만 일단 중요한 것은 "인민이 재판관"이라는 원칙의 선언임을 부인할 수 없다. 자연상태 → 사회계약 → 동의와 위임에 의한 정치사회의 수립 → 국가 권력의 창출 → 인민의 저항권에 이르는 『통치론』 전체 논의로 볼 때 뻔한 대답이 나올 질문을 스스로 던져놓고 역시 뻔한 대답을 내놓는 것으로 책을 마무리하는 로크의 의중은 바로 그 원칙을 재차 천명하기 위함이었고, 그래서 그의 답변은 당연하면서도 동시에 의미심장하다. 그리고 바로 그 점에서 로크의 대의제와 민주주의의 관계를 짚어볼 수 있다.

대의제는 민주적인가?

사실 이 질문은 듣기에 따라 상당히 어색할 수 있다. '대의민주주의'라는 표현이 사람들 사이에서 익숙하게 사용되고 있으니 말이다. 그때 '대의민주주의'는 주로 '직접민주주의'와 대비되는 말로 이해된다. '민주주의'란 '인민에 의한 통치'를 뜻하는데, 그렇다면 '직접'민주주의는 인민들이 직접 통치를 담당하는 체제를, '대의'민주주의는 인민들이 자신들의 대표를 뽑아 그들로 하여금 대신 통치하게 하는 체제를 가리키는 것이 된다. 그리고 오늘날 많은 사람들은, 흔히 직접민주주의의 원형으로 꼽히는 고대 그리스 아테네와 달리 국가의 규모가 커지고 인구수가 엄청나게 늘어난 근대 사회에서는 직접민주주의가 현실적으로 더 이상 가능하지 않기 때문에 민주주의를 실현하고자 하는 많은 나라들이 대의민주주의를 채택하게 된 것이라고 믿는다.

그러나 대의민주주의와 직접민주주의는 서로 대체될 수 있는 관계가 아니며, '대의민주주의'라는 말은 어울리지 않는 조합이라고 생각하는 사람들도 상당수 존재한다. 대의제를 민주주의와 구별하는 사람들의 입장은 크게 두 가지로 나눠볼 수 있다. 하나는 '인민에 의한 통치'라는 민주주의의 이상은 직접민주주의를 통해서만 실현될 수 있으며, 대의제는 엘리트주의를 바탕에 깔고 있는 일종의 과두정일 뿐만 아니라 인민의 정치 참여를 철저히 배제한다는 점에서 반민주주의적이라고 보는 입장이다. 명예혁명 이후 영국에 자리 잡은 대의제를 두고 4~5년에 한 번 인민이 선거에 참여하는 순간 잠깐 자유를 누릴 뿐인 여전한 노예제라고 비판했던 루소의 입장이 전형적이다.

반면 대의제를 민주정보다 우월하고 바람직한 정부 형태로 본다는 점에서 그 둘을 구분하는 입장도 있다. 예를 들어 프랑스 대혁명의 이론가이자 국민의회의 중심인물로 혁명을 지도했던 시에예스Emmanuel-Joseph Sieyès, 1748~1836는 경제적인 생산 활동에 자신들의 대부분의 시간을 바치는 근대 상업사회에서 각 개인이 공적 업무에 지속적으로 참여하기 위해 필요한 여가를 마련하기 쉽지 않은 데다가 공공 업무 그 자체의 성격은 날로 전문적인 식견을 요구하게 된다는 점에서 대의제가 민주정보다 바람직하다고 보았다. 즉 대의제는 선거를 통해 권한을 위탁받아 공공의 관심사를 해결하는 데 자신의 모든 시간을 바치도록 구성된 전문적인 집단에 의해 통치가 행해지는 정부 형태로서 민주정보다 근대 사회의 조건에 적합한 것으로 이해된다.

미국 건국의 아버지이며 제4대 대통령이기도 했던 매디슨 역시 대의제를 민주정과 다른, 보다 더 우월한 정치체제라고 보았다. 다만 시에예스와 그의 차이는, 근대 사회의 성격상 대의제가 필요하고 바람직하다고 주장하기보다 민주정에 비해 대의제가 공공선에 더 부합하고 국가의 진정한 이익을 가져올 수 있는 정치적 결정을 내린다는 장점이 있다는 논리로 나아간다는 점이다. 매디슨은 대의제하에서 대표 선출의 과정을 거치는 동안 인민의 감정적이고 변덕스러운 견해가 걸러지고 통합되는 효과가 있고, 또 그렇게 선출된 인민의 대표들은 부분적이고 편파적인 대중적 이해관계가 아니라 애국심과 정의에 대한 사랑에 입각하여 현명한 판단을 내리는 집단이므로 전체 인민 스스로의 결정보다 더 나은 결과를 가져온다고 생각했다.

이 정도의 설명만으로도 대의제가 민주적인가를 묻는 질문이 그리 어색한 것이 아님을 짐작할 수 있을 것이다. 그러나 이 질문에 대한 답을 로크에게서 찾아보기 전에 한 가지 더 해명해야 할 문제가 남아 있다. 여기서 '민주적'이라는 말이 무슨 뜻인가 하는 점이다. 민주주의를 뜻하는 단어 'democracy'는 오늘날 민주주의라는 말로도 또 민주정체라는 말로도 쓰인다. 그런데 자유주의^{liberalism}나 자본주의^{capitalism}, 사회주의^{socialism}, 공산주의^{communism}등 '-주의'로 끝나는 단어가 영어로는 대개 '-ism'으로 표현되는 것과 달리 민주주의는 democracy라는 데서 단적으로 알 수 있듯이, 이는 원래 서구에서 시민이 평등하게 의사결정 과정에 참여하는 특정한 정치체제 혹은 정부 형태를 가리키는 말이었다. 그것이 '민주주의'라는 이념적 의미까지 확보하게 된 것은 서구 사회에서도 20세기에 이르러서의 일이라고 한다.

오늘날 민주주의 이념은 '인민주권'의 원칙으로 곧잘 표현되는데, 그렇다면 대의제가 민주적인가 하는 물음은 두 가지 의미로 해석할 수 있다. 즉 대의제가 인민주권의 이념에 부합하는가 그렇지 않은가 하는 질문과, 대의제 또한 민주정체의 형태에 속하는가 그렇지 않은가 하는 질문이 그것이다.

대의제가 민주적인가 하는 질문에 함축된 이와 같은 풍부한 의미를 염두에 두고 지금부터 로크가 제안한 대의제를 대상으로 답을 찾아보도록 하자.

로크의 대의제는 민주적일까?

이 질문에 대한 로크의 생각을 들어보기 전에 우선 로크는 자연상태에서 계약을 통해 시민사회 또는 정치사회가 수립되고 나면 "거기서는 다수가 여타 사람들을 움직이고 결정할 권리를 가진다"고 보았음을 상기할 필요가 있다. 그의 설명에 따르면, 계약을 통해 형성된 공동체는 하나의 몸으로서 그것을 "행위하게 하는 것은 오직 그 공동체에 속하는 개인의 동의뿐이고, 한 방향으로 움직이는 것이 한 몸인 것에 필수적이므로, 더 큰 힘, 즉 다수의 동의가 이끄는 방향으로 그 몸이 움직여야 하는 것은 필연적"이기 때문이다. 즉 공동체를 수립하기로 했을 때 각 개인은 다수가 결정하는 바에 따르기로 동의한 셈이라는 것이다.

> 그러므로 우리는 실정법에 의해 행위할 권한을 부여받은 회의체에서, 거기에 권한을 부여하는 저 실정법이 아무 수도 설정해 놓지 않은 경우에, 다수의 행위가 전체의 행위로 통하며 자연법과 이성법에 의해 전체의 권력을 가지는 것으로서 으레 결정을 내리는 것을 본다.
>
> 『통치론』 제8장 96절

그런데 로크는 다음과 같은 맥락에서 '민주정'을 언급한다.

> 인간들이 최초로 결합해서 사회를 이루는 즉시 공동체의 권력 전체를 자연스럽게 쥐게 되는 다수는 그 모든 권력을 공동체를 위해 수시로 법률을 제정하고 관리들을 임명하여 그 법률

을 집행케 하는 데 사용할 수 있다. 그러면 정부의 형태는 완벽한 민주정이다.

『통치론』 제10장 132절

　이런 민주정에 비해 입법권이 선택된 소수 또는 그들의 상속인이나 후계자의 수중에 위임되었을 경우 그 정부 형태는 과두정이 된다. 그리고 군주정은 입법권이 한 사람의 손에 맡겨져 있는 정부 형태다. 즉 그는 정부 형태란 국가 최고 권력인 입법권을 어떻게 배치하는가에 따라 달라진다고 본다. 물론 공동체는 다양한 정부 형태들 중에서 자신들이 좋다고 생각하는 바에 따라 복합적이고 혼합적인 정부 형태를 만들 수 있다. 또한 시대적 변화나 사회적 조건의 변화에 따라 민주정에서 과두정으로, 또는 군주정에서 민주정으로 등등 정부 형태를 새롭게 바꿀 수도 있다. 입법권이란 공동체의 신탁에 의해 발생하는 권력이므로 인민은 입법권을 어디에 둘 것인지를 결정하는 권한, 입법권을 능가하는 상위의 권력을 갖고 있기 때문이다.

　이렇게 본다면 로크에게 대의제는 군주정과 과두정은 물론 민주정까지 포함하는 것이 된다. 민주정은 과두정이나 군주정에 비해 입법권이 보다 많은 사람들, 곧 다수^{majority}에게 맡겨진다는 점에서 차이가 있을 뿐 대의제의 일종이라는 점에서는 차이가 없다. 로크는 자신이 민주정과 군주정, 과두정 중에서 어떤 정부 형태를 더 선호하는지 분명히 밝히고 있지 않다. 하지만 계약 후 공동체 구성원들이 특별한 지침을 마련하지 않는 한, 다수가 공동체의 모든 권력을 맡아 결정권을 행사하는 것을 당연하게 생

각했다는 점으로 미루어 보아 그가 다양한 사람들로 입법부가 구성되는 민주정을 자연스러운 것으로 간주했으리라 짐작할 수 있다. 그리고 이런 의미에서 로크가 제안한 대의제는 민주적이라고 말할 수 있을 것이다.

그런데 이렇게 결론을 내리고 나면 지하에서 루소가 몹시 불쾌해할 것이 틀림없다. 로크의 방식대로 민주주의를 규정해놓고 그것에 입각해서 그의 대의제가 민주적이라고 결론짓는 것은 부당하다고 말이다. '인민에 의한 통치'로서 민주주의는 전체 인민의 '직접적인' 참여를 통해서만 실현될 수 있다고 보는 루소와 같은 입장에서는 어떤 형태로든 '대표'에 의한 통치를 민주적이라 부를 수 없다고 주장할 법하다. 그러니 '인민에 의한 통치'라는 기준에 비추어서도 로크의 대의제가 민주적이라고 할 수 있는지 생각해보지 않을 수 없다.

물론 지금까지 살펴본 바에 따르면, 로크가 인민주권의 원칙에 철저히 입각하고 있었음은 분명하다. 그는 국가 권력의 원천을 인민으로 보았는데, 그때 인민은 단지 잠재적인 주권자로 그치지 않는다. 앞에서 살펴보았듯이, 로크는 입법부가 공동체의 신탁에 반해서 권력을 행사하거나 그럴 위험이 있는 경우 그에 저항하고 입법부를 폐지, 변경할 인민의 권리를 인정했을 뿐만 아니라 입법부의 신탁 위반 사실을 판정할 재판관의 자격도 인민에게 부여했다. 하지만 루소식의 관점으로 보자면 그것만으로는 충분하지 않다. 인민의 주권은 입법 과정에 직접 참여함으로써만 행사할 수 있다는 것이 그의 생각이기 때문이다.

민주주의의 초점을 직접 참여냐 대표에 의한 참여냐 하는 주권 행사 방식에 맞추면 로크의 대의제는 민주적이라고 말하기 어려울 것이다. 그럴 경우 오로지 직접민주주의만을 민주적이라고 인정할 수밖에 없다. 하지만 그렇다고 여기서 로크의 대의제를 민주적이 아닌 걸로 결론짓는다면, 이번에는 로크의 입장에서 상당히 억울할 것이다. '인민에 의한 통치'라는 민주주의의 기준을 지극히 루소적으로 해석해서 내리는 결론이니 말이다. 그러므로 이제 여기서 생각해볼 문제는 민주주의와 비민주주의를 인민의 주권 행사 방식, 즉 전체 인민이 직접 참여하느냐 그렇지 않느냐에 입각해서 구분하는 것이 적절한가 하는 점이다.

이 문제에 대한 생각을 발전시키는 데 도움이 될 만한 연구를 하나 소개하는 것이 좋을 듯하다. 근대 대의제의 원칙들을 비판적으로 고찰한 마넹[Bernard Manin, 1951~]의 연구가 그것이다. 그는 직접민주주의의 원형으로 불리는 고대 그리스 아테네의 사정을 면밀히 검토한 후 다음과 같은 흥미로운 결론을 내린다. '대의'체제와 '직접'체제의 차이는 "선출된 사람들의 제한된 숫자"가 아니라 "선출 방법"과 관련이 있다는 것이다. 그에 따르면, 아테네의 평의회나 법정이 '직접' 통치 기관이라고 할 때, 그 직접성은 평의회와 같은 기관이 인민 그 자체와 동일시되었기 때문이 아니라 그 구성원들을 충원하는 추첨이라는 방법 때문에 확보되었다. 다시 말해, 아테네 민주정의 기본적인 원칙은 "민중이 통치자이자 피통치자라는 것이 아니라 모든 시민이 이 두 위치를 번갈아 가며 차지할 수 있어야만 한다는 것"이었고, 민주적 자유는 "자신에게 복종하는 것이 아니라 내일이면 자신이 차지할 그 자리에 오늘 앉아 있는 누군가에게 복종하는 것"을 의미했다. 그리고 이러한 맥락에서 마넹은 대의제란 소수의 대표가 민중을 대신해서 다스린다는 점보다는 그들이 선거라는 방식에 의해서만 선택된다는 점에서 특징적이라고 본다.

　요컨대 마넹은 전체 인민의 직접 참여 여부보다는 추첨이냐 선거냐 하는 대표 선출 방법에 초점을 맞추어 대의제와 직접민주주의를 구별하고, 선거에 의해 대표를 뽑는다는 점에서 대의제가 민주적이지 않다고 주장한다. 그런데 이처럼 그가 지배와 복종을 번갈아 하는 것에서 민주주의의 핵심을 찾는 까닭은 그것이 법 제정이나 정치적 결정의 보편성을 확보할 수 있는 가장 좋은 방법이라고 보기 때문이다. 명령을 내리는 사람이 그 전에는 명령에 복종했던 사람이라면, 권력을 가진 자로서 어떤 결정을 내릴 때 그 결정에 의해 영향을 받게 될 인민의 입장을 참작하게 될 것이다. 그들 스스로 경험해보았기 때문에 지배받는다는 것, 복종해야만 하는 것이 어떤 느낌인지 알고 있기 때문이다. 또한 통치자는 피지배자 위에 군림하는 것을 주저하고 피지배자의 견해를 고려하려는 동기를 가지게 되는데, 그 이유는 다음 날 바로 그 자신이 피지배자가 되어야 한다는 것을 알고 있기 때문이다. 이처럼 인민이 지배와 복종을 교대로 할 때 민주적 정의에 부합하는 정치적 결정이 가능하게 되고, 이른바 아테네 '직접' 민주주의의 핵심은 여기에 있었다는 것이다.

　설명이 다소 장황하게 길어졌지만, 이렇듯 민주적이냐 아니냐의 관건이 인민의 직접적인 참여 자체가 아니라 입법의 불편부당성과 보편성에 있다고 한다면, 그리고 그러한 불편부당성과 보편성은 매 입법 과정마다 전체 인민이 직접 참여하는 방식을 통해서보다는 지배와 복종이 인민들 사이에서 번갈아 이루어지는 방식을 통해 확보되는 것이라고 한다면, 이런 점에서 로크의 대의제는 민주적이라고 보아 크게 무리가 없다.

　로크가 입법권과 집행권이 한 사람 혹은 하나의 기관에 집중되는 것보다 특정 인물 혹은 집단에 의한 입법권의 지속적인 행사를 더 우려했다는 점을 상기해보자. 그는 공동체를 위해 법을 만드는 권한이 일정한 사람들에게 고정적으로 주어져 있거나 입법부가 상시적으로 개회 중인 상태를 무엇보다 경계했다. 그럴 경우 입법부가 사익을 추구하는 집단으로 변질될 가능성이 크고, 법률의 제정 및 개정이 공공선과 무관하게 그들 자신의 이해관계에 따라 이루어지게 된다는 점에서였다. 따라서 그는 권력분립보다 공동체 내 다양한 성원들이 '적절하게 소집'되어 번갈아 법을 제·개정하는 일에 참여하고, 그럼으로써 누구든 법을 제정하는 입법자이면서 동시에 그 법에 복종하는 신민이 되도록 하는 것을 자신이 제안한 대의제의 핵심으로 삼았다.

　　전체의 좋음이 당연히 그래야 하는 대로 아주 잘 고려되는 질서 잡힌 국가에서는 입법 권력이, 적절하게 소집되었기에 단독으로 혹은 다른 사람들과 결합해서 법률을 제정할 권력을 갖는 다양한 사람들의 수중에 놓이는데, 그들은 그 일을 마치고 나면 다시 흩어져서 그들 스스로가 자신들이 제정한 법률에 종속된다. 이는 그들이 공공선을 위해 법률을 만들도록 하는, 유의해야 할 새롭고 당면한 구속이다.

　　　　　　　　　　　　　　　　　　『통치론』 제12장 143절

물론 여기서 문제는 '적절하게 소집'된다는 것이 무엇을 의미하느냐이다. 로크는 자신의 논의에서 추첨을 적법한 대표 선출 방법으로 특별히 언급하지는 않았다. "공정하고 평등한 대표자를 갖는 것이 인민의 의도이자 이익"이라고 말하면서도 어떤 방법을 통해 그러한 대표자를 뽑을 수 있는지에 관해 자세한 논의를 하고 있지는 않다. 당시 영국에 널리 만연해 있던 부패 선거구의 문제를 비판하는 대목에서 보면 그는 기본적으로 선거를 당대의 대표 선출 방식으로 인정하고 있다. 사실 정치권력의 정당한 원천으로 인민의 동의를 꼽았던 로크로서는 추첨보다 선거를 선호했을 수 있다. 추첨이란 공동체 구성원 개인의 의사가 적극적으로 반영되는 방식이 아니고, 그런 점에서 로크는 선거를 보다 적절한 권력 위임 방법으로 보았을 수도 있기 때문이다.

하지만 그렇다고 해서 로크의 대의제를 민주적이지 않다고 보기는 어려울 것 같다. 그가 굳이 '적절한 소집'을 운운했을 때, 그 핵심은 입법권이 특정한 사람들에 고정되기보다 다양한 사람들의 수중에 맡겨지도록 하려는 것이었다. 그러므로 현재의 소집 방법, 예컨대 선거가 관직의 현격하게 불평등한 분배나 절대 다수 인민의 배제를 유발하는 것으로 판명이 날 경우 그런 방식을 계속 고집할 리 없다. 입법권의 배치 형태를 인민들이 결정짓도록 했던 바로 그 원칙에 따라 그는 대표 선출 방법 역시 인민들에 의해, 인민들이 원하는 방식으로 얼마든지 변경될 수 있다고 보았을 것이다.

대의제를 민주주의로 볼 수 있는지, '대의민주주의'가 말이 되는 조합인지 하는 문제는 이보다 훨씬 더 꼼꼼하고 방대한 논의를 필요로 한다. 대의제의 범위와 내용을 어떻게 정의할 것인지 또 무엇을 민주주의로 볼 것인지에 따라 논의가 사뭇 달라지기 때문이다. 그러나 로크의 대의제가 민주적인가 하는 물음에 대한 답변은 이 정도 선에서 매듭을 지으려 한다. 그런데 계속 찜찜한 구석이 남는다면? 잘된 일이다. 바로 그 지점에서부터 각자 마음껏 지적 탐구의 나래를 펼치게 될 테니까. 지적인 도발과 도전, 그리고 무엇보다 대화 가능성이야말로 「지식인마을」 입주자들의 근성이자 장점이 아니겠는가!

홉스와 로크의 동상이몽,
그리고 그 후

지금까지 국가와 개인의 문제에 초점을 맞추어 홉스와 로크의 사상을 각각 살펴보았다. 기억을 되살리는 의미에서 전체 이야기를 간단하게 정리해보는 것이 좋을 듯하다. 그들은 영국 역사의 가장 격동적인 한 시대를 '따로 또 같이' 살아냈다. 그 핵심은 다음과 같다.

동상에서
이몽을 꾸다

우선 홉스와 로크는 청교도혁명에서 명예혁명에 이르는 영국의 근대혁명기를 시대적 배경으로 공유했다. 이 혁명의 과정에서 영국은 입헌정치와 의회제를 확립하고 인민주권의 사상을 발전시켜나갔다. 홉스와 로크가 봉건적 신분질서 및 왕권신수설의 전통에 맞서 근대적 사상을 꽃피우게 된 것은 이러한 시대적 배경하에서였다. 비록 홉스는 왕당파의 일원이고 로크는 의회파의 이론적 기초자라는 점에서 그들이 처한 정치적 상황에는 차이가 있었지만, 그럼에도 불구하고 그들은 전근대적 국가 및 정치적 권위의 전통적 기반에 대해 똑같이 불신했고, 똑같이 회의적이었다. 그런 만큼 그들은 국가와 정치권력에 대한 새로운 사상의 필요성 역시 똑같이 느꼈다.

한편 홉스와 로크는 근대적인 국가에 대한 발상의 토대로서 자연상태와 개인, 자연권, 사회계약 등 기본적인 개념과 인식틀을 공유했다. 이는 그들이 공히 자연법사상의 계보를 잇는 사상가들이라는 점을 말해준다. 즉 그들은 역사적 맥락뿐만 아니라 지성사적 맥락 또한 함께한다. 특히 그들은 사회계약론의 발상을 통해 국가 내지 공동체에 대한 개인의 우선성을 확고히 주장함으로써 개인주의의 발전을 자극했고, 나아가 근대 자유주의의 사상적 토대를 마련했다. 개인이 국가를 위해 존재하는 것이 아니라 국가가 개인의 안전과 자유를 보호하기 위해 존재하는 것이라는 생각이 바야흐로 그들을 통해 명료화되기 시작한 것이다.

요컨대 홉스와 로크는 근대라는 새로운 시대의 필요성과 머지않은 도래를 예감하고, 그것을 위해 준비하고자 했다는 점에서 공통의 모습을 보인다. 그뿐 아니라 이론적 전제와 가정을 상당 부분 공유했다. 하지만 그들은 각자 전혀 다른 방향으로 대안을 모색했고, 전혀 다른 결론으로 나아갔다. 나란히 동상同牀에 누워 이몽異夢의 나래를 펼쳤던 셈이다.

홉스와 로크의 이몽은 그들이 공유했던 개념인 '자연상태'의

내용과 '사회계약'의 목적 및 결과라는 측면에서 가장 첨예하게 나타난다. 우선 홉스의 자연상태는 "만인 대 만인의 투쟁"으로 요약되는 공포와 전쟁의 상태다. 자연상태에서 개인은 누구나 자유롭고 평등하며 게다가 이성적 존재다. 하지만 자연상태의 개인들은 그 본성상 경쟁심, 자신감 결여, 명예욕이라는 분쟁의 요인을 안고 있는 이기적 존재이기도 하다. 이런 개인들이 두려

움에 가득 차서 자기 보존이라는 동일한 목적을 달성하기 위해 모여든 것이 홉스적 사회계약의 배경이다.

반면에 로크의 자연상태는 자유롭고 평등하며 자연법의 지도 하에 평화롭기까지 한 일종의 사회상태로 나타난다. 자연상태에서 개인은 타인의 존재를 의식하며 자신의 행위에 스스로 제약을 가할 수 있을 뿐만 아니라 자기 보존의 권리 이외에도 소유권 등의 자연권을 상호 인정한다. 로크적 자연상태의 개인은 이처럼 이성적일 뿐만 아니라 어느 정도 사회성도 지닌 존재다. 그런데 그런 개인들이 사회계약에 나서게 되는 것은 재산과 권리를 향유하는 데 안전과 확실성이 보장되지 못하는 자연상태의 결함 때문이다. 로크는 이러한 결함이 공통의 동의를 통해서 수용되고 인정된 '법률'과 그 법에 따라 모든 다툼을 해결할 수 있는 권위를 가진 무사공평한 '재판관', 그리고 올바른 판결을 뒷받침하고 그 적절한 집행을 확보해주는 '권력'이 존재하지 않는다는 데서 비롯되며, 이로 인해 사람들은 자연상태를 떠나 정치사회를 결성하고자 추구하게 된다고 설명한다.

사회계약의 배경에 대한 이와 같은 인식의 차이는 자연스럽게 그것의 목적 및 결과에 대한 생각의 차이로 나타났다. 홉스에게 사회계약의 목적은 구성원들의 안전과 평화를 확보하는 것이었기 때문에 계약의 결과가 '리바이어던'의 등장으로 이어졌다. 계약 이후 그의 관심은 절대주권의 확립에 집중되었다. 일단 확립되고 나면, 리바이어던의 주권은 양도도 분할도 불가능하며 몰수될 수도 없다. 주권의 범위는 입법·행정·사법 전체에 미치며, 공동체와 관련한 모든 문제의 결정 권한이 오직 리바이어던에게

만 속한다.

　이와 달리 로크에게 사회계약의 목적은 구성원들의 생명과 자유, 자산을 좀더 잘 보호하는 것이었다. 그리고 로크적 사회계약의 결과는 사회 전체에 효력이 미치는 공통의 법률을 마련하기 위해 권한을 위임받은 입법부와, 입법부의 통제를 받는 또 하나의 권력 위임 기관으로서 집행부를 갖는 대의제로 나타났다. 즉 로크의 사회계약은 절대주권의 확립보다는 천부인권의 강력한 보장을 위해 고안된 것이었고, 따라서 계약 이후 설립되는 국가의 권력 행사는 개인의 자기소유권self-ownership 및 자기결정권이라는 원칙에 구속되는 것이 당연했다. 사회계약의 결과 발생하는 국가의 주권자는 전체 인민이었으며, 입법권이나 집행권을 담당하는 자는 1인이든 다수의 집단이든 간에 주권의 대리인일 뿐이었다. 그러므로 계약의 목적을 위반하거나 불성실하게 수행할 때 그들은 인민에 의해 탄핵될 수 있으며, 불응할 경우 인민의 저항은 당연한 권리로 인정된다.

　홉스와 로크의 정치사상은 이후 역사 발전의 과정 속에서 다양한 형태로 변주되어 나타났다. 물론 그들의 사상을 시대적 변화에 맞게 혹은 구체적인 현실의 조건에 따라 적절히 계승하여 발전시킴으로써 명실상부하게 그 명맥을 이은 경우도 있지만, 후대의 필요에 따라 왜곡하거나 특정한 측면을 과장하여 이용한 경우도 없지 않았다. 다음 절에서는 후자의 경우로 대표적이라 할 만한 홉스, 로크 사상의 변주를 몇 가지 찾아보기로 하자.

동상이몽의
다양한 변주
나치적 변주 : 주권독재

인간의 본성에 대한 비관적인 전망과 안전에 대한 희구, 그리고 무엇보다 강력한 국가권력의 확립을 특징으로 하는 홉스 사상의 가장 극적인 변주는 20세기 들어 이탈리아와 독일을 중심으로 확대되었던 전체주의 혹은 국가주의statism* 이데올로기에서 찾을 수 있다. 20세기 초반의 서양 역사는 두 차례에 걸친 큰 전쟁과 공황으로 홍역을 앓았고, 19세기에 유행했던 자유주의에 대한 수정 내지는 반동이 개별 국가의 사정에 따라 다양한 형태로 전개되었다. 그중에서도 전범戰犯 국가였던 이탈리아와 독일에서는 파시즘, 나치즘이라는 반자유주의적, 반의회주의적 사조가 등장하여 양차대전 사이에 두 나라를 지배했다. 무솔리니Benito Mussolini, 1883~1945*와 히틀러Adolf Hitler, 1889~1945*라는 강력한 정치지도자를 정점으로 한 전체주의 국가 또는 우파독재로 특징지어지는 파시즘, 나치즘은 두 차례의 큰 전쟁을 치르는 혼란 상황에서 모습을 드러낸 리바이어던의 20세기적 변형이라고 할 수 있다. 여기서는 일단 나치즘의 사상적 토대이자 정당화 기제로 작용한 주권독재론을 간단히 살펴보는 것으로 홉스 사상이 20세기의 비상 국면에서 어떻게 변주되었는지 이해해보기로 하자.

국가주의

국가에 절대적 가치를 부여하고 개인보다 국가를 앞세우는 사상 및 정책을 의미한다. 사회 제반 영역에 대한 국가의 간섭과 통제, 국가를 위한 개인의 희생을 정당화한다는 특성을 지닌다.

시민전쟁에서 명예혁명에 이르는 영국의 혼란한 정치·사회적 상황을 배경으로 홉스가 리바이어던에 의해 담지되는 주권과 그를 통한 안전 및 국가의 통일성 확보를 주장했다면, 주권독재론은 1차 세계대전의 패전 결과 사회 전반에 걸쳐 총체적인 파국에 직면한 독일의 위기 상황에서 등장했고 '새로운 강력한 국가'를 희구하고 있던 보수파를 중심으로 확산되었다.

주권독재론이란 어떠한 법질서도 궁극적으로는 주권자가 내리는 결정에 기초하고 있으며, 비상사태 혹은 예외적 상황에서는 토론과 공개성을 원칙으로 하는 대의제가 아니라 독재를 통해 정치적 결정이 확보될 수 있다는 입장에서 출발한다. 이때 독재는 근대 이전의 절대주의 체제와 구별되는데, 왜냐하면 그 정당성의 근원을 인민의 헌법제정 권력에 두기 때문이다. 즉 주권

무솔리니

이탈리아의 정치가. 파시스트당 당수이자 1922~1943년에 총리로 재임했다. 히틀러와 함께 파시즘적 독재자의 대표적인 인물로 꼽힌다. 1939년 독일과 군사동맹을 체결하고, 나치 독일, 일본과 함께 국제파시즘 진영을 구성했다. 1940년에 독일 편에서 2차 세계대전에 참전하여 영국, 프랑스 측 연합군과 전쟁을 치렀다. 독일 항복 직전인 1945년 4월 28일에 이탈리아의 반파쇼 의용군에게 사살되었다.

독재는 입헌주의에 입각한 민주주의와 정치적 독재의 결합을 시도한 것으로서, 당시 서구 사회에서 보편적인 정치 이념이자 체제로 인정받고 있던 자유주의와 입헌적 대의제의 대안으로 제기되었다.

주권독재론의 대변자인 슈미트^{Carl Schmitt, 1888~1985}는 현대 민주주의의 정치적 제도화가 반드시 입헌적 대의제일 필요는 없으며, 극한적이고 위기적인 상황에서는 입헌적 독재의 한 형태인 주권

히틀러

독일의 정치가. 국가사회주의독
일노동자당(나치스)의 당원으로 출
발해 1933년 이후 독일의 총통으
로 군림했다. 1차 세계대전 패배
의 후유증이 극심한 상황에서 민
족공동체 건설, 강대한 독일 재
건, 사회 정책의 대대적인 확장,
베르사유조약 타파, 유대인 배척
등을 주장하여 민중의 지지를 얻
었다. 경제 재건과 군비 확장에
어느 정도 성공한 후 독일민족에
의한 유럽 제패를 실현하고 대생
존권(大生存圈)을 수립한다는 명분
으로 2차 세계대전을 일으켰으나
결국 패전하고, 1945년 4월 30일
베를린 함락 직전 자살했다.

독재가 오히려 유력한 정치적 대안
이 될 수 있다고 주장한다. 슈미트
의 이러한 주장은 당대 정치 현실
에 대한 문제의식에서 비롯되었다.
그는 1차 세계대전의 종식과 함께
독일에 수립된 바이마르 공화국 이
의회주의적 입법국가의 왜곡된 변
형태라고 비판했다. 그가 보기에
그러한 왜곡의 일차적 원인은 승전
국의 영향하에 독일에 유입된 자유
주의적 다원론에 있었다.

자유주의적 다원론에 대해 슈미
트가 제기하는 비판의 핵심은 그것
이 국가라는 주권적 통일체를 부정
한다는 데 있다. 그에 따르면, 자유
주의적 다원론은 국가를 가족, 종
교단체, 노동조합, 스포츠클럽 등
과 같은 수많은 사회적 결사 가운
데 하나 정도로 간주하고, 이 모든
결사들의 결정 영역은 제각기 다르며 각각의 고유 영역 내에서
만 가장 강력할 뿐 절대적 결정 권한이나 주권은 어느 누구에게
도 없다고 본다. 이렇듯 국가가 다른 많은 사회단체들과 동렬에
서 서로 경합하는 하나의 단체로 간주될 경우 인간은 공동의 정
치체를 영위할 수 없으며 국가의 생존 자체가 불가능하다는 것

이 슈미트의 생각이다. 적과 동지를 구분하고, 동지와 결집하여 적에 대항해야 하는 정치 세계에서 다원론으로는 어떤 실효성 있는 정치적 결정도 내릴 수 없기 때문이라는 것이다.

이와 같은 현실 진단에 따라 슈미트는 자유주의를 토대로 하는 의회제의 폐기와 돌연한 위기 혹은 예외적 상황에서 임의적인 결단을 내릴 수 있는 주권독재를 주장하게 된다. 특히 그의 주권독재론은 바이마르 헌법의 틀 내에서 구축되었는데, 바이마르 헌법 제48조에 의거한 대통령의 비상명령권이 근거가 되었다. 즉 비상 상황을 판단하고 그에 따른 정치적 결단을 내리며 헌법적 혹은 초법적 권위를 갖는 명령을 발동할 수 있는 대통령의 권한이 주권독재로 이론화되었던 것이다. 그리고 이것이 결국 히틀러가 합법적으로 권력을 잡고 강력한 독재체제를 구축하는 데 사상적 토대이자 정당화 기제로 활용되었다.

주권자를 비상사태를 결정하는 자로 규정하고, 위기 혹은 예외적 상황에서 주권독재를 정당화하는 슈미트의 논의는 홉스에게서 명료하게 나타났던 근대 주권론의 20세기 버전이라고 할 수 있다. 홉스는 주권을 국가의 최고 권력이자 절대적인 권력으로 규정했다. 그에 따르면 주권은 나누어질 수 없는 단일체일 뿐만 아니라 철회 불가능한 속성을 갖는다. 주권의 담지자로서 리바이어던은 국가 안의 모든 권력 문제에 대하여 최종적으로 결정을 내리는 주체다. 그리고 바로 그 주권의 궁극

바이마르 공화국

히틀러의 나치 정권 수립으로 소멸된 독일 공화국의 통칭. 국민의회에서 채택된 바이마르 헌법은 국민주권을 확인하고, 국민의 기본권을 상세히 규정한 민주적인 헌법이었으나 대통령에게 비상명령권을 부여한 제48조는 뒤에 히틀러가 독재정권을 수립하는 길을 열어주었다.

적인 목적은 개별 신민과 공동체의 안전이다. 국가의 궁극적인 기능을 방어와 억지抑止로 파악하고, 강력한 주권자의 존재야말로 그러한 국가 기능의 정상적인 작동과 모든 법·질서, 나아가 정치적 통일체 확립의 전제조건이라고 주장하는 슈미트식의 주권독재론은 이러한 홉스 사상에 빚지고 있다.

다만 슈미트는 비상사태에 관한 결정권에 초점을 맞춰 주권독재론을 전개하는 특성을 보이는데, 이는 전쟁의 혼란과 패전의 위기에 휘말린 당시 독일의 정치·사회적 상황과 관련이 있는 것으로 보인다.

그뿐 아니라 슈미트의 주권독재론이 근거하고 있는 이른바 결단주의, 곧 어떠한 법질서도 궁극적으로는 주권자가 내리는 결단에 기초하고 있다는 생각 역시 '진리가 아니라 권위가 법을 만든다'는 홉스 사상에서 그 뿌리를 찾을 수 있다. 앞서 살펴보았듯이, 홉스는 리바이어던 이전에는 어떠한 법도 존재하지 않았으며 또한 리바이어던 이외에는 어떠한 법도 존재하지 않는다고 보았다. 국가의 가치는 그것이 법에 관한 다툼에 결정을 내림으로써 법을 창조한다는 점에 있다. 홉스에게 "법은 충고가 아니고 명령"이다. 그에 따르면 리바이어던은 어떠한 불법도 저지를 수 없다. 왜냐하면 어떠한 규정이 법이 되려면 그 규정이 정의 혹은 공정성의 이념에 합치되기 때문이 아니라 리바이어던이 그것을 명령으로 발동해야만 가능하기 때문이다. 슈미트의 '전체국가론'과 '대통령 독재'는 이와 같은 홉스 사상의 특정한 변주라고 할 수 있다. 그 현실적 결과가 공동체의 안전과 평화를 확보하는 것이기는커녕 2차 세계대전이라는 무시무시한 비극으로 나타났다는 점에서 홉스가 흔쾌히 동의할 만한 변주는 아니었지만 말이다.

실제로 슈미트는 자신의 사상을 전개하면서 홉스를 깊이 연구하고 활용했다. 그런데 아이러니한 것은, 홉스에 대한 그의 해석이 그가 학문적으로 명성을 얻고 나아가 나치즘의 등장에 기여함으로써 정치적 입지를 다지는 데 밑거름이 되었을 뿐 아니라 동시에 그가 좌절하고 나락으로 떨어지는 계기가 되기도 했다는 점이다. 나치가 집권한 후인 1936년에 저술한 홉스 연구서에서 슈미트는 홉스의 입을 빌

> **게슈타포**
>
> 게슈타포의 정식 명칭은 비밀국 가경찰(Geheime Staatspolizei)이다. 1933년 프로이센 경찰에서 분리, 조직되었다. 게슈타포의 임무는 국가에 대한 위험 요소를 초법적으로 감시, 수사해 제거하는 것이었다. 공산주의자와 사회주의자 탄압, 자유주의자와 교회에 대한 감시, 유대인의 추방과 학살, 지식인·노동운동가에 대한 테러와 강제수용이 게슈타포에 의해 자행된 대표적 활동이다. 2차 세계대전 이후 독일 국내뿐 아니라 점령지로도 활동 반경을 넓혔는데, 그중에서도 아이히만(Adolf Eichmann, 1906~1962)의 유대인과(課)가 특히 악명 높다. 게슈타포의 이 하부 기관은 유럽 전역에 있는 유대인들을 폴란드의 강제수용소로 집결시켜 몰살하는 임무를 수행했다.

려 우회적으로 인권을 옹호하는 주장을 폈는데, 이것이 게슈타포Gestapo 기관지에서 비판의 대상이 되었고, 그로 인해 당대 정치의 중심에서 소외되고 만다. 요컨대 그는 자신이 기대했던 주권독재의 현실적 결과물이라고 할 나치 치하 전체주의 국가의 바로 그 정치권력에 의해 숙청당한 비운의 사상가였던 셈이다.

신자유주의적 변주 : 야경국가에 만족하라

한편 자연권으로서의 개인의 권리, 곧 '천부인권'에 대한 로크의 주장을 극단적으로 밀고 나갔을 경우 국가는 '필요악'으로 인식되거나 기껏해야 '야경국가' 정도의 역할에 머물러야 하는 것

야경국가

국가는 외적의 침략으로부터의 방어, 치안 유지, 개인의 재산 및 자유에 대한 침해의 배제 등 필요한 최소한의 임무만을 수행해야 한다는 자유방임주의에 근거한 자본주의 국가관. 독일의 사회주의자 라살이 『노동자 강령』에서 자유주의 국가를 비판하기 위해 최초로 사용한 개념이라고 알려져 있다.

이 된다. 홉스의 사상을 극단적으로 계승한 형태가 나치와 슈미트에 의해 대변된 주권독재론이라고 한다면, 로크의 사상을 극단적으로 계승한 것은 이른바 자유지상주의 libertarianism 라고 할 수 있다.

노직 Robert Nozick, 1938~2002, 로스버드 Murray N. Rothbard, 1926~1995, 랜드 Ayn Rand, 1905~1982, 호스퍼스 John Hospers, 1918~ 등으로 대표되는 자유지상주의자들은 각 개인이 자기 자신의 생명, 자유, 자산에 대한 절대적 권리를 소유한다는 로크의 자기소유권 개념을 기본 전제로 삼고 있다. 이 자기소유권은 개인이 갖게 되는 다른 모든 권리의 궁극적 원천이 된다. 예컨대 자신의 몸에 대한 절대적 권리를 갖는 각 개인은 그 몸의 자연적 자산이라 할 재능이나 소질, 몸을 이용한 노동, 그리고 노동의 결과물에 대해서도 절대적 권리를 지닌다.

요컨대 자유지상주의자들은 개인을 '권리담지자'로 특징지으면서 개인의 권리에 다른 모든 고려 사항보다 우선하는 선차성을 부여하고, 특히 그때의 권리가 인간으로서의 본성에서 유래한다고 가정한다. 개인의 권리 중에서도 그들이 가장 관심을 갖는 것은 사유재산권이다. 사유재산권은 자신의 생명과 자유에 대한 각 개인의 기본적 권리로부터 발생한다. 하지만 사유재산권이 없다면 개인의 생명과 자유에 대한 권리는 사실상 무의미하다는 것이 자유지상주의자들의 주장이다. 생명과 자유에 대한 개인의 기본권은 사유재산권의 행사를 통해 발현·확보된다는 것이다.

사유재산권을 중심으로 하는 개인의 권리에 절대성을 부여하는 자유지상주의자들의 논의에서 국가가 어떻게 그려질지는 쉽게 짐작할 수 있다. 그들의 논리에 따르면 국가의 형성과 조직, 운영은 물론 법적·정책적 공공 결정까지 모두 "개인들이 권리를 갖는다"는 점을 핵심적인 고려 사항으로 삼아야 한다. 국가란 권리담지자들인 개인이 타인의 동일한 권리를 침해하지 않으면서 각자 자기소유권을 실현하고 나아가 정당한 방법으로 재산을 형성, 확대할 수 있도록 돕는 것에 한해 필요할 뿐이다. 다시 말해 자유지상주의의 관점에서 옹호할 수 있는 유일한 국가는 자유로운 경제적 교환관계가 교란되는 일이 없도록 감시하고, 개인들이 저마다 시장경제에 자유롭게 참여할 수 있도록 경제적 권리들을 보장하는 이른바 야경국가 혹은 법치주의적 '최소국가 minimal state'이다.

그러므로 국가가 거대해지거나 억압적 권력기구화하는 것은 자유지상주의자들이 가장 경계하는 일이다. 그들은 심지어 사회정의나 공공선과 같은 목표를 위해서일지라도 국가가 개인의 재산에 대해 함부로 재분배 정책을 실시해서는 안 된다고 주장한다. 그들에게 사유재산권은 생명과 자유에 대한 권리 못지않은 절대적 권리이며, 그 권리의 보장은 어떤 국가의 정당성을 가늠하는 준거이다.

자유지상주의의 이러한 이론적 입장은 이른바 'IMF 경제위기' 이후 우리에게도 이미 익숙한 신자유주의 논리와 상당 부분 맥을 같이한다. 신자유주의는 시장의 자율성을 강조하며 가능한 한 모든 영역에서 국가의 간섭과 역할을 최소화하는 데 초점을

하이에크
오스트리아 태생의 경제학자. 사회주의와 정부의 시장 개입을 비판하고 자유시장경제를 옹호한 오스트리아학파의 대표적인 학자이다. 화폐경기론과 중립적 화폐론을 전개했고, 1974년에 노벨 경제학상을 수상했다.

케인스주의
영국의 경제학자 케인스(John M. Keynes, 1883~1946)의 이론을 계승하여 1930년대 세계공황으로 인한 자본주의 사회의 위기를 극복하려 한 사상체계를 말한다. 국가에게 유효수요 증감을 조절하는 역할을 맡기고, 이를 통해 대량 실업과 불황 문제를 타개하려는 데 핵심이 있다. 국가의 경제 개입과 재정 지출 확대, 무엇보다 '큰 정부'를 지향한다는 점에서 고전경제학파와 대립한다.

맞추고 있다. 하이에크[Friedrich von Hayek, 1899~1992]나 프리드먼[Milton Friedman, 1912~2006]과 같은 신자유주의자들은 시장을 개인의 자율성과 자기소유의 권리를 추구하고 실현할 수 있는 장場으로서 옹호한다. 반면에 국가는 아무리 숭고한 목적 때문이라도 일단 시장에 개입하게 되면 억압적이 되고 관료적 비효율성을 빚어낸다고 주장한다.

19세기 말 이래 영미권 국가의 주류 경제 논리였던 케인스주의에 대한 비판에서 출발한 신자유주의는 케인스주의에 입각한 복지국가의 위기가 현저해진 1970~1980년대 미국과 영국에서 세를 얻기 시작한 만큼, 복지국가란 가난한 자보다 부유한 자에게 더 많은 혜택을 주고 관료주의를 조장하며 복지 수혜자들을 국가에 대해 수동적, 의존적인 존재로 만들 뿐이라고 비판한다. 신자유주의의 관점에서 국가의 역할은 자유시장경제의 경쟁을 보호하기 위한 법의 강력한 집행이나 외부로부터의 공격에 대한 방어와 같은 최소한

의 필수적 의무를 수행하는 데 국
한되어야 한다.

이처럼 자유지상주의나 신자유
주의는 로크의 후예를 자처하면서
개인의 권리를 국가에 앞세우고 시
장을 개인의 권리와 자율성이 실현
되는 장으로서 옹호한다. 그들에게
국가는 그 자체로 목적도 선도 아
니다. 개인의 권리, 특히 사유재산
권을 잘 보호하는 국가라면 필요하
고 정당하다. 그러나 대체로 현실
의 국가는 개인의 권리를 침해하거
나 적어도 그것의 실현에 위협이
되는 위험한 존재라는 것이 그들의
생각이다. 따라서 가급적 국가의

프리드먼

미국의 경제학자. 1946년부터
30년 동안 시카고 대학 교수로
활동하면서 케인스학파와 쌍벽을
이루는 시카고학파의 성립에 공
헌했다. 미국의 대표적인 시장경
제제도 옹호자로서, 통화주의로
대표되는 '화폐'이론의 업적을 인
정받아 1976년 노벨 경제학상을
수상했다.

규모와 권한을 줄이고, 국가 주도의 경제 계획이나 시장 개입 대
신 민간 부문의 활성화와 시장의 자율성 강화를 유도하는 정책
을 제안한다. 이런 입장을 지지하는 사람들은 자신들이 로크에
서 스미스^{Adam Smith, 1723~1790}에 이르는 고전 자유주의 전통을 되살
리고 있다는 점에서 스스로 '신고전 자유주의'를 자처하며, 오늘
날에도 그렇게 불리고 있다.

하지만 자유지상주의나 신자유주의가 로크적 자유주의 전통
을 가장 잘 계승하는 것인가 하는 점은 논란의 여지가 있다. 비
록 로크가 개인의 권리를 자연권으로 천명하고 국가의 존재 이

시장의 자율성을 강조한 고전경제학의
창시자 애덤 스미스

유는 '천부인권'을 보호하는 데 있
다고 주장하긴 했지만, 그런 주장
은 그의 사상이 전개되었던 17세
기 영국, 아니 유럽 일반의 현실적
인 맥락 속에서 고려되어야 한다.
다시 말해 로크가 국가를 개인의
자유와 권리에 위협이 되는 존재로
간주하면서 국가권력의 한계를 명
확히 설정하는 데 지적인 노력을
바쳤을 때 그는 당대의 봉건적 지
배구조와 절대주의 왕권을 겨냥하고 있었다. 게다가 그는 기독
교적 신앙이 여전히 굳건하던 시대에 살고 있었고 그 자신 역시
신학적 토대 위에서 사상을 전개했다.

　이런 점에 주목하여, 기독교적 세계관이 설득력을 잃은 상황
에서 절대주의 권력 구조가 상당한 정도로 붕괴되고 대신에 민
주주의적인 정치질서가 정당성을 확보해가기 시작한 19세기 이
래의 역사적 상황에서 로크의 주장은 재해석되어야 한다는 견해
가 제기된다. 이를테면, 국가가 아니라 빈곤이나 시장의 횡포가
개인의 자유와 권리를 위협하는 주요 요인이 된 상황에서 계속
국가에 야경과 순찰의 업무만 맡도록 하는 것은 로크적 자유주
의의 취지에 맞지 않는다는 견해가 그것이다.

　그린Thomas H. Green, 1836~1882과 홉하우스Leonard T. Hobhouse, 1864~1929로
이어지는 19세기의 새로운 자유주의new liberalism 조류나 케인스주
의 혹은 복지자유주의welfare liberal-ism *가 사실상 자유주의의 전통을

잇고 있다는 주장은 그런 맥락에서 이해할 수 있다. 이들 사상의 공통 점은, 빈익빈 부익부나 독점과 같은 자본주의의 폐해가 노골적으로 드러나기 시작한 시대 상황에서 국가의 구성과 권력 행사가 민주주의 적인 방식으로 이루어진다면 오히 려 국가를 통해 그러한 폐해를 조 정함으로써 개인의 자유와 권리가 실질적으로 확보·향상될 수 있나 고 본 것이다. 그렇다면 '작은 정 부, 큰 시장'의 기준만으로 로크적

> **복지자유주의**
>
> 국민의 복지 증진과 행복 추구를 가장 중요한 사명으로 보는 국가를 뜻하며, 완전고용과 최저임금 보장, 사회보장 등의 정책과 제도를 갖추거나 혹은 추구하는 국가를 가리킨다. 오늘날 북유럽 국가들이 모델로 꼽힌다. 흥미로운 점은 근대 복지국가의 원조가 자유 주의자도 사회주의자도 아니고 19세기 후반 독일 통일을 열렬히 염원했던 '철혈 재상' 비스마르크 였다는 사실이다. 그는 복지국가가 사회주의에 대항하는 최선의 길이라고 믿고 병자, 실직자 등을 지원하기 위해 고용주들과 고용 인들에게 세금을 걷는 체계를 마련함으로써 독일 사회주의자들에게 선수를 쳤다.

(=자유주의적)이냐, 반로크적(=반자유주의적)이냐를 가리기는 어렵지 않을까?

아시아적 변주 : 주권은 Yes, 인권은 No

홉스와 로크에 의해 본격적으로 모습을 드러내기 시작한 근대 국가 및 자유민주주의 사상은 19세기 이래 서양의 제국주의적 팽창과 더불어 아시아에도 유입되었다. 서양의 발달된 문명을 접하고 그것을 모델로 삼아 근대화를 추진한 대부분의 아시아 국가들은 서양이 이룩한 풍요와 진보의 정신적이고 사상적인 토 대가 된 기독교와 홉스, 로크 등의 사상을 자국어로 번역하여 배 우고 수용하려 애썼다. 20세기 들어 식민지에서 독립한 많은 아 시아 국가들은 어떤 식으로든 홉스, 로크 사상의 영향을 받고 있

다. 물론 개별 국가들의 특수한 역사적 상황이나 전통, 가치관의 차이에 따라 그 영향은 다양한 모습으로 나타나지만 말이다.

그럼에도 불구하고 홉스와 로크 사상의 '아시아적 변주'라 부를 수 있는 한 가지 형태를 소개할 수 있는데, 그것은 이른바 '아시아적 가치론^Discourses of Asian Value'의 촉발과 더불어 분명한 모습을 드러냈다. 그러니 먼저 아시아적 가치론에 대해 간단히 소개할 필요가 있을 것 같다. 아시아적 가치론이란 '아시아적 가치'를 둘러싼 논쟁을 말한다. 여기서 아시아적 가치란 공동체의식, 가족주의, 효, 예 등과 같이 아시아가 지니고 있는 정신적·문화적 특성 혹은 가치관을 뜻한다. 이 개념은 1970~1980년대 동아시아 신흥공업국의 비약적인 경제발전을 설명하기 위해 서양 학자들이 만들어낸 것으로 알려져 있다. 그들은 한국, 대만, 홍콩, 싱가포르 등 이른바 '동아시아의 네 마리 용'이 모두 유교 문화권이라는 점에 주목하고 유교적 가치를 해당 지역 경제 발전의 원동력으로 파악하면서 그것을 아시아적 가치라고 불렀다.

여기에 부응하여 일부 국내 학자들을 비롯한 동아시아 지식인들 사이에서는 '유교 자본주의'라는 개념이 유행하기도 했다. 이는 다분히 자본주의 발전에 대한 베버^Max Weber, 1864~1920 식 설명을 겨냥한 것으로서, 서양에서 기독교적 신념체계와 윤리가 특유의 경제 행위와 결합하여 자본주의의 발전을 낳았다면 아시아에서는 유교적 가치관과 덕목들이 자본주의와 적절하게 결합하여 서양의 모델을 능가하는 체제를 이룩했다는 것이 그들의 요지였다.

그런데 아시아적 가치에 관한 문제가 단지 학계 차원의 관심을 넘어서 일반인들에게까지 널리 알려지게 된 것은 1994년에 있었던 리콴유[Lee Kuan Yew, 1923~] 당시 싱가포르 총리와 김대중[金大中, 1926~] 당시 한국 아태평화재단 이사장 간의 논쟁 덕분이었다. 『포린 어페어스[Foreign Affairs]』라는 저명한 외교 전문 잡지는 1994년 3, 4월호에 편집장과 리콴유 간의 대담을 실었다.

베버

독일의 사회과학자인 베버는 근대 유럽에서의 자본주의 발전을 프로테스탄티즘, 특히 칼뱅주의 교리하에서 금욕과 근로에 힘쓰는 서구인들의 종교적 생활 태도와 관련해 설명했다. 이는 마르크스주의적 유물사관이 안고 있는 경제결정론의 오류를 교정하려 한 것이라는 점에서 의의가 있으나, 서양인들과 같은 종교적 교리와 문화적 특성을 지니지 못한 비서구 지역에서는 자본주의적 경제 발전이 불가능하다고 주장한 점에서 서구중심주의적 편견에 치우쳤다는 한계를 보여준다. 그는 '유교는 반자본주의적'이라고 단언했다.

거기서 리콴유의 핵심 주장은 "문화는 숙명"이며 "서양식 민주주의와 인권은 문화가 다른 동아시아에 적용될 수 없다"는 것이었다. 또한 그는 서양식 발전 모델의 한계와 서양이 자랑하는 자유민주주의적 가치관의 문제점을 지적하면서 동아시아의 정치 및 경제 체제를 보다 우월한 것으로 평가했다.

이에 대해 김대중은 같은 해 11, 12월호 『포린 어페어스』에 '문화는 숙명인가?'라는 글을 기고하여 리콴유의 주장을 정면으로 반박했다. 리콴유의 주장은 민주주의를 거부하고 독재정권을 합리화하기 위한 것일 뿐 아시아국가에서도 민주주의와 자유시장경제를 꽃피울 수 있다는 내용이었다. 뿐만 아니라 그는 맹자[孟子, BC 372?~289?]의 주권재민 사상이나 동학의 인내천ᄉᅑ 사상 등을 예로 들어 아시아의 전통 사상은 서양 자유민주주의의 기초를 닦은 로크보다 2,000년이나 앞서 민주주의 이념을 제시했다고 주장했다. 그러므로 현재 아시아에서 민주주의가 발전하지 못하는 것은 문화적 전통 때문이 아니라 권위주의 독재정권 때문이라는 것이다.

사실 리콴유가 유교 문화와 전통을 내세우면서 자유민주주의와 인권에 대한 대내외적인 요구를 묵살하고 개발독재를 정당화하기 전에도 상당수의 아시아 국가들은 '근대화' 혹은 '경제발전' 등을 기치로 반민주주의적인 억압 통치를 공공연하게 자행했다. 1960~1970년대 박정희 정권이 내세웠던 '한국적 민주주의'의 슬로건이 그 대표적인 예다. 실제로 리콴유는 박 정권이 추진한 경제개발 정책을 아시아에서 유용한 발전 모델로 꼽으면서 싱가포르에도 적용하려 했다고 언급한 바 있다. 아시아 지역 정치 지도자 가운데 또 한 사람의 아시아적 가치 주창자인 말레이시아의 마하티르Mahathir bin Mohamad, 1925~ 총리 역시 박 정권의 경제 모델을 아시아의 모범으로 꼽았다. 국가로 하여금 개인의 자유를 존중하고 인권을 보장하도록 요구하는 자유민주주의는 경제를 발전시켜 하루빨리 서양의 선진 국가들을 따라잡아야 하는 한국 등 아시아 국가들의 실정에 적합하지 않으며 문화적 전통과도 맞지 않는다는 것이 이들의 공통된 주장이었다.

자유민주주의와 인권은 서양의 특수한 역사적, 문화적 전통과 가치를 반영한 것이므로 그것을 아시아 국가들에 요구하는 것은 제국주의적 발상이라는 아시아적 가치론자들의 비판은 미국을 위시한 서양 국가들이 제기하는 인권 압력의 규범적 기초에 대해 숙고하게 하는 효과가 있다.

또한 아시아적 가치에 대한 주장은 서양과는 다른 아시아의 역사적 맥락을 강조하고, 아시아 특유의 문화와 전통을 더 우월한 것으로 내세움으로써 서구중심주의에 대한 문제의식을 확산시킨 의의도 갖는다. 하지만 문제는, 서양과는 다른 아시아 특유의 문화와 전통을 내세우면서 자유민주주의나 인권 요구를 배척하는 이른바 아시아적 가치론자들이 국가의 주권과 그것의 행사는 강력하게 요구한다는 점이다.

박정희 정권의 '한국적 민주주의' 담론이 그랬듯이, 1994년을 전후하여 리콴유나 마하티르 등 아시아 지역 정치 지도자들에 의해 아시아적 가치론이 주창되었던 배경 역시 미국의 이른바 '인권 외교'와 관련이 있었다. 즉 미국이 아시아 국가들의 정치 탄압과 인권침해 상황을 문제 삼으면서 유엔을 통한 제재 등 외교적 공세를 취하는 데 대한 대응의 하나로 나온 것이 아시아적 가치론이었던 셈이다. 이 와중에서 아시아적 가치론자들은 미국의 인권 외교가 해당 국가들의 주권을 침해하는 내정 간섭이라고 강하게 반발했다. 요컨대 그들의 논리에 따르면 자유민주주의와 인권에 대한 요구는 서양의 특수한 맥락에서 발생한, 서양 특유의 이념이자 가치로서 아시아의 맥락에 맞지 않는 것인 반면 대외 관계에서 개별 국가의 주권은 보편적으로, 그리고 평등하게 존중되어야 하는 것이다.

하지만 인권 개념과 마찬가지로 주권 역시 서양에서 발전한 서구적 개념이다. 그리고 국가의 최고 권력으로서 주권에 대한 관심은, 우리가 앞서 홉스와 로크의 사상에서 살펴보았듯이 개인의 권리와 자유, 안전을 보장하기 위한 장치로서 출발했다. 서양 역사에서 주권 사상과 인권 개념은 서로 깊이 맞물린 채 발전했던 것이다. 아시아적 가치론자들이 주장하는, 국제 관계에서 주권국가의 평등하고 자율적인 지위는 평등하고 자율적인 개인적 권리담지자들 간의 관계로부터 추상된 것이며, 그런 의미에서 인권은 주권의 도덕적 기초이자 기능적 완성으로 불린다. 따라서 아시아적 가치론을 비판적으로 바라보는 사람들은 대내적으로 약자 혹은 약자들의 집단에 의해 요구되는 인권 보장은 거부하면서 국제 관계의 맥락에서 선진국들의 공세에 대해 주권 보장을 요구하는 것은 논리적 모순이거나 적어도 도덕적 모순이라고 지적한다.

민주주의와 인권이 역사적 맥락이나 시대 상황을 막론하고 보편적인 타당성을 갖는 것인가 하는 문제는 보다 깊이 있고 진지한 성찰을 요구한다. 그러나 홉스와 로크의 사상에서 확인할 수 있듯이, 적어도 외교 정책을 통한 국제적 압력까지 포함하여 인권에 대한 관심과 국가 주권의 원리는 얼마든지 양립 가능하다. 그런 점에서 이런 결론이 가능할 것 같다. 국가의 주권과 그 보장을 강력하게 주장하면서 자유민주주의와 인권은 서구적 개념이라고 거부하고 나아가 인권 상황을 개선하라는 국제 여론을 주권 침해로 비판하는 일부 아시아적 가치론자들의 입장은 주권과 인권에 대한 홉스와 로크의 사상을 아시아의 상황에서 어색하고도 어정쩡하게 얼버무린 '아시아적 변주'라 부를 만하다고 말이다.

대화

TALKING

산업화와 민주화를 거치면서 한국 사회는
홉스와 로크가 제시한 국가원리와 제도를 수용·정착시켰다.
이처럼 빠르게 성장한 한국 사회를 홉스나 로크가 보면 어떻게 반응할까?
100분 토론에 초청하여 그들의 생각을 들어보았다.
더불어 우리 사회의 바람직한 발전 방향에 대해서도 들어본다.

John Locke

21세기 바람직한 대한민국을 묻는다
홉스와 로크의 100분 토론

지금까지 살펴본 홉스와 로크의 정치사상은 이른바 '서양 근대혁명'의 성공에 토대가 되었다. 그들은 당대 현실에 대한 유사한 문제의식과 가정에서 출발했으나 '바람직한 정치질서'에 대해 서로 뚜렷이 구별되는 대답을 내놓았다. 이를테면 홉스는 강력한 리바이어던의 통치권하에 공동체 구성원들이 안전과 평화를 누리는 정치질서를 바람직한 것으로 생각했던 반면 로크는 민주적으로 구성되는 의회와 의회에서 결정된 법률에 따라 개인의 자유와 인권이 보장되는 정치 공동체가 바람직하다고 생각했다. 이러한 홉스와 로크의 사상이 이후 시대적 변화 속에서 어떻게 활용되고 변주되었는지는 앞서 간략하게 살펴보았다.

서양 근대혁명의 사상적 토대이니만큼 오늘날 홉스와 로크는 서양 중심의 근대 세계에 깊숙이 편입된 우리 사회와도 무관하지 않다. 산업화, 민주화가 어느 정도 성공을 거두면서 현대 한국 사회는 300년 전 조선시대의 정치·경제 원리나 제도보다 홉스, 로크가 제안한 정치질서 모델에 훨씬 더 친밀감을 느낀다. 홉스와 로크 이래 명료화한 서양의 근대 국가 원리 및 제도를 나름대로 수용하여 정착시키느라 지난 수십 년간 우리 사회가 쏟아 부은 노력을 감안할 때, 이제 그들을 초청하여 현재 우리가 이룩한 성과에 대해 그들이 어떤 반응을 보이는지 들어보는 것도 의미 있을 법하다. 이참에 향후 우리 사회가 나아갈 바람직한 발전 방향에 대해 그들은 어떤 생각을 갖고 있는지도 한번 청해 들어보도록 하자.

|사회자| 「지식인마을」을 찾아주신 여러분, 그리고 「지식인마을」에 관심과 애정을 가져주시는 여러분, 안녕하십니까? 오늘 이 자리에서는 플라톤 가家의 홉스 선생님과 로크 선생님을 모시고 특별 대담 시간을 가져보려고 합니다. 토론의 큰 주제는 "21세기 바람직한 대한민국을 묻는다"가 되겠습니다. 대한민국은 1948년 이래 정치·경제적으로 격동의 세월을 거치면서 오늘에 이르렀는데요. 현재 한국 사회가 이룩한 성공, 또 한국 사회가 당면한 위기에 대해 두 분 선생님이 갖고 계신 생각을 들어보고, 21세기 대한민국이 더 나은 정치질서, 더 바람직한 공동체로 거듭나기 위해서는 어떤 점에 더욱 각별한 노력이 필요한지 의견을 청해보는 것이 오늘 이 자리를 마련한 취지입니다. 자, 그럼 이제 두 분 선생님을 모시도록 하겠습니다. 두 분 선생님 나와주세요.
 (일동 기립, 박수)
이렇게 기꺼이 나와주셔서 감사합니다. 홉스, 로크 선생님. 두

분 선생님을 모시고 말씀을 나누게 된 것을 큰 영광으로 생각합니다. 그런데 아마 두 분께서도 저희가 마련한 이 토론 자리 덕분에 처음으로 얼굴을 마주 하시는 거겠죠? 감개가 무량하시리라 여겨집니다. 우선 두 분 선생님, 서로 간단히 인사를 나누시겠습니까?

|로크| 홉스 선생님, 이렇게 선생님과 나란히 토론 자리에 초청되다니 영광입니다. 건강하시지요?

|홉스| 로크 선생, 만나서 반갑네. 우리가 좀더 일찍 만나 이야기를 주고받을 수 있었다면 좋았을 것 같군. 이제야 말이지만, 사실 난 자네가 나를 좀 오해하고 있는 듯해서 내심 서운하기도 하고 때론 불쾌하기도 했다네. 허허허.

|로크| 그리 말씀하시니 몸 둘 바를 모르겠습니다. 그땐 제가 젊은 혈기로 넘쳐 있기도 했고, 또 당시 상황이란 게 옳고 그름, 적과 동지를 분명히 가르며 대의^{大義}를 향해 돌진하던 혁명기였던 만큼 사상과 실천 모두에서 융통성을 갖기가 어려웠지요. 그런 점을 이해해주시리라 믿습니다. 하지만 제가 선생님을 딱히 오해했다고 보실 만한 근거는 무엇인지요?

|홉스| 음, 자네는 혹시 내가 단순히 절대왕권을 지지한 왕당파의 이론가라고 오해했던 것 아닌가? 그래서 자연상태나 자연법, 사회계약 등의 개념 혹은 이론들을 나한테 빚지고서도 나를 인용

하거나 참조하지 않았던 것 아닌가?

[로크] 하지만 홉스 선생님, 자연법사상이나 계약의 관념은 선생님 당대에 지식인들 사이에서는 이미 널리 알려져 있었던 걸로 아는데요. 즉 저는 그 점에서 선생님이 특별한 독창성을 갖는다고 생각하지는 않았습니다. 따라서 후커나 그로티우스를 인용하는 것으로 충분하다고 여겼지요. 제가 과문한 탓이었다면 용서하십시오. 그리고 말이 나왔으니 말인데, 사실 선생님께서 절대주의를 지지하셨다는 점은 부인할 수 없지 않습니까? 물론 리바이어던이 인민의 동의를 얻어 출현하게 된다는 점에서 왕당파들의 절대왕권 논리와는 다소 차이가 있지만, 그래도 결과적으로 『리바이어던』을 통해 무소불위의 절대권력을 주장하신 점은 분명하다고 생각됩니다.

[홉스] 지금 왕당파들이 주장한 절대왕권과 리바이어던이 '다소' 차이가 있다고 했는가? 그렇다면 로크 선생, 이렇게 물어보고 싶군. 대체 자네가 말하는 그 절대주의가 뭔가? 자네는 무엇을 절대주의라고 부르는 겐가?

[로크] 선생님께서 하고 싶으신 말씀을 일단 계속하시지요.

[홉스] 나는 말일세, 절대주의란 절대권력이 그 자체를 목적으로 존재하고 또 재생산되는 것을 정당화하는 논리나 이념이라고 생각하네. 그렇게 본다면 『리바이어던』이 절대주의를 지지한 저작

이라는 생각은 수정되어야 하네. 리바이어던이 인민의 동의와 계약에 의해 등장한다는 것은 그 존재 목적이 리바이어던 자신이 아니라 인민이라는 이야기가 되지. 리바이어던에게 절대권력이 부여되는 것은 어디까지나 인민들을 위해서 공동체의 안전과 평화를 보장하도록 하기 위함이네. 그러니 『리바이어던』을 절대주의와 단순 등치시키는 것은 오해가 아니겠는가? 무엇이 인민을 위해서 가장 좋은 정치질서인지, 어떻게 하면 인민을 가장 안전하고 평화롭게 살 수 있도록 할 것인지 하는 측면, 곧 수단의 측면에서 자네가 제안한 대의정부와 리바이어던이 차이가 있을진 모르나 정치권력이 그 자체를 위해 존재하는 것이 아니라 인민을 위해 존재한다는 목적의 측면에서 보면 자네의 대의정부나 리바이어던은 큰 차이가 없다고 생각하네.

|로크| 일리가 있는 말씀이십니다. 하지만 경험적으로 볼 때 절대권력이 그 자체보다 인민을 위해 존재하고 제 기능을 다하리라는 선생님의 생각은 지나치게 낙관적이고 비현실적인 것 같습니다. "절대권력은 절대 부패한다"는 말도 있지 않습니까? 인민의 동의에 의해 출현한 리바이어던이 처음 한동안은 철저하게 인민을 위해 존재하고 봉사할지 모르나 시간이 지나면 지날수록 그 자체의 이해관계를 가지게 될 것입니다. 자신의 명령이 곧 법이고 그의 의지대로 사회 내 모든 권력관계를 배치할 수 있는 데다 사회 구성원 전체의 권리와 의무까지도 정할 수 있는 리바이어던이라면 당연히 그의 존재 목적마저 바꿀 수 있지 않겠습니까? 게다가 "공포의 자연상태"로 되돌아가기를 각오하는 것 말고는

그를 견제할 수 있는 장치가 사회 구성원들에게 전혀 마련되어 있지 않은데요.

사실 저는 선생님의 『리바이어던』이 경험적으로 볼 때 지나치게 낙관적이라는 문제뿐만 아니라 이론적인 난점도 지니고 있다고 생각합니다. 선생님이 가정하신 공포의 자연상태에서 서로에게 위협과 불안의 대상일 뿐인 개인들이 어떻게 서로에 대한 불신을 잠깐 동안이나마 멈추고 계약에 이를 수 있는지 하는 문제는 그렇다 치더라도, 공포와 안전에 민감한 개인들이 어떻게 새로 등장할 리바이어던에 대해서는 전폭적으로 신뢰하고 자신의 자연권을 양도하기에 이르는가 하는 문제가 저는 이해되지 않습니다. 리바이어던 자체가 자신들의 생명과 안전에 새로운 위협이 될 수 있는 소지를 전혀 따져보지도 않고 과연 자연상태의 개인들이 서로에 대한 불신과 공포만으로 덥석 리바이어던이라는 절대권력을 도입한다는 건 너무도 비이성적이고 비현실적인 가정 아니겠습니까?

｜홉스｜ 그리 생각하는가? 그렇게 따지자면 자네의 대의정부는 어떤가? 인민의 동의에 의해 구성되는 입법부에 국가 최고 권력을 위임한다고 했지만 입법부가 법률의 집행권까지 보유하는 것이 아니라 집행을 전담하는 상시 대표, 즉 행정부를 따로 둔다면 입법 활동과 행정 활동, 입법을 전담하는 대표와 행정 대표 간에 갈등이 존재할 가능성이 없을까?

자네는 물론 입법권을 국가의 최고권으로 못 박고 다른 모든 권력을 그 하위에 두었다지만 입법부야 상시적으로 개회하고 있지 않은 데다가 구성원들마저 자주 바뀌게 되는 만큼 실질적으로는 행정부의 권한이 커지지 않을 수 없을 것으로 보네. 그런데 행정부 역시 민주적 대표성을 갖는 경우 법률의 해석과 적용을 놓고 그 법을 만든 입법부와 행정부가 갈등 관계에 놓인다면 어느 쪽 입장이 인민의 의사를 대변하는 것으로 보아야 하는가? 아니, 그러한 갈등 자체가 이미 자네가 사회계약의 목적으로 제시한 인민의 재산 보호에 치명적인 위협이 되지 않겠는가? 그리고 입법부와 행정부가 각각 민주적으로 구성되는 방식 이외에, 그것이 세습 군주이든 선출직 군주이든 간에 동일한 1인이 입법과 행정의 수장을 겸하는 경우도 상정했다고 알고 있네. 그럴 경우에야 입법부와 행정부의 갈등이란 생각하지 않아도 되겠지. 하지만 그 경우에도 입법권과 행정권을 동시에 한 사람이 쥐고 있다면 리바이어던에 대해 자네가 제기한 것과 동일한 우려를 해야겠지?

|사회자| 하하, 두 분 다 정말 대단하십니다. 서로 간단한 인사를 나누신다는 게 이런 정도의 수준이군요. 이제 본격적으로 진행될 토론이 정말 기대가 되는데요! 두 분이 방금 나누신 짧지만 격렬한 대화를 통해 각각 제시하시는 바람직한 공동체 질서가 어떤 것인지 다시 한 번 확인할 수 있었습니다. 그런데 오늘 이 자리는 두 분 선생님이 서로의 정치사상을 비판적으로 조명, 탐색하는 데 목적이 있다기보다는 한국 사회가 도달한 민주주의 현실을 어떻게 평가할 것인지 그리고 21세기 대한민국의 바람직한 모델은 무엇인지에 대한 견해를 들어보는 데 목적이 있습니

다. 지금까지 주고받으신 덕담은 그 정도 선에서 마무리하시고, 선생님들의 정치사상적 기반 위에서 한국의 과거와 현재 그리고 미래에 대해 기탄없는 비판과 조언을 부탁드립니다. 우선 오늘의 한국 현실에 대한 생각부터 들려주시겠습니까?

|홉스| 대한민국은 새로운 학문적 성찰의 대상으로 삼고 싶을 정도로 흥미로운 국가입니다. 사실 『리바이어던』을 쓸 때만 해도 내 관심의 대상은 주로 영국과 프랑스를 비롯한 서유럽 국가들이었습니다. 서유럽 지역이 아닌 국가들, 특히 아시아 지역의 국가들에도 내가 말한 리바이어던의 모델을 적용할 수 있을지에 대해서는 생각해보지 않았지요. 그런데 강력한 주권의 발동을 통해 이렇게 놀랍도록 근대화와 민주화라는 이중 과제를 훌륭히 수행해낸 대한민국을 보니 새로운 연구 욕심이 불끈 솟는 걸 느낍니다. 어쩌면 내 사유를 좀더 확장시킬 수 있는 좋은 기회가 될 것 같군요. 아무튼 나는 현재 한국이 이른 정치적, 사회적, 경제적 발전 수준에 경의를 표합니다.

|로크| 저 역시 한국 사회가 여러 가지 불리한 여건 속에서도 이 정도의 정치적 민주주의를 이루어낸 점에 대해 높이 평가합니다. 인민의 동의에 의한 정부, 위임에 의한 정치권력이라는 자유민주주의의 초기 조건이 드디어 마련되었다고 할까요? 하지만 그것은 민주주의의 완성이 아니라 출발이라고 생각합니다. 아직 대한민국은 사회적, 경제적, 문화적으로 민주주의를 좀더 확장해야 할 과제를 안고 있다고 생각되는군요.

|사회자| 이야기가 자연스럽게 현 단계 한국 민주주의의 문제점에 대한 진단으로 넘어갈 것 같은데요. 이번에는 로크 선생님께서 먼저 말씀을 시작해주시겠습니까? 방금 전에 하신 말씀을 좀더 구체적으로 부연해주시면 좋겠습니다. 한국의 민주주의가 어떤 점에서 어떻게 더 확장되어야 한다고 보시는지요?

|로크| 자유민주주의의 기본 원리는 자기소유권 혹은 자기결정권입니다. 그것이 정치적으로 구현되었을 때 인민의 동의에 의한 정부, 곧 민주주의적인 정부가 되겠지요. 내가 동의한 바 없는 정치적 결정이 나에게 복종을 요구하거나 적어도 영향을 미치는 것에 저항할 수 있다는 논리가 거기서 나옵니다. 자유민주주의의 기본 원리가 경제적으로 구현된다면 개인이 생산 과정과 시장에 주체로서 자유롭고 평등하게 참여할 수 있어야 할 것입니다. 사회·문화적으로 볼 때 자유민주주의는 단순히 정치체제나 경제제도의 차원을 넘어 삶의 방식으로 실현되는 것을 말합니다. 개인이 자율적이고 합리적인 주체로 성숙한 상태에서 차이와 다양성이 포용되고 상식과 관용이 존중되는 그런 공동체적 삶의 실현 말입니다.

　이렇게 본다면 한국 사회는 지금까지 노력한 만큼 앞으로 더 나아가야 한다고 생각합니다. 정치적 민주화가 성공적으로 진행된 이후 민주주의가 사회·문화적인 측면에서 공동체 구성원의 삶의 방식으로서도 제법 빠르게 자리 잡고 있는 것으로 보입니다. 하지만 경제적인 부분에서 자유민주주의의 실현은 여러 가지 요인으로 인해 더디게 진행될 뿐 아니라 때로 오해되거나 왜

곡되는 경향도 있다고 생각되는군요. 그러니까…….

|사회자| 잠깐만요, 로크 선생님. 너무 뜻밖의 말씀에 놀라움을 금할 수가 없어 중간에 끼어들어 질문을 드리게 됨을 용서하십시오. 로크 선생님께서는 개인의 사유재산을 무엇보다도 절대시한, 그래서 자본가들의 계급 이익을 옹호한 사상가로 후대에 알려져왔습니다. 혹시 그 점을 알고 계십니까? 그런데 오늘 경제 민주주의와 관련하여 하신 말씀은 그와 사뭇 차이가 있는 것처럼 들리는데요.

|로크| 허허. 한때 내가 노동자들이나 무산자들에 대항해서 자본가들의 이익을 대변한 사상가로 또 이른바 '소유적 개인주의'의 사상가로 해석되기도 했다는 사실은 잘 알고 있습니다. 하지만 나에 대한 그러한 오해는 20세기에 나를 연구한 사람들 중에서…… 아, 그래, 수정주의학파라고 불리는 연구자들을 통해 서양 학계에서는 이미 상당 부분 바로잡혔죠. 한국에서는 아직 그렇지 않은가요? 하지만 그렇다고 내가 이 자리에서 내 입으로 그 문제를 일일이 거론하기는 좀 민망하고, 내친김에 한 가지만 말씀드리겠습니다. 혹시 사회자께서는 오해의 빌미가 된 나의 주장들을 어느 정도 알고 계십니까?

|사회자| 『통치론』에서 소유권에 관하여 설명하신 부분도 그렇지만, 특히 시민사회와 국가의 목적을 재산 보호로 규정하신 부분이 관건인 것으로 알고 있습니다. 마침 제가 책을 가지고 나왔으

니 오늘 토론 자리에 방문해주신 여러분들의 이해를 돕기 위해 핵심 구절을 몇 군데 읽어드리도록 하겠습니다. 음, 시간 관계상 85절과 124절만 볼까요?

85절은 이렇게 되어 있습니다. "노예란 정당한 전쟁에서 포로가 된 자들인데, 자연권에 의해서 주인의 절대적 지배와 자의적인 권력에 복종하도록 되어 있다. 이러한 사람들은 그들의 생명을 몰수당한 자들로서 그것과 더불어 자유도 몰수당했으며 자산도 상실했다. 그들은 능히 재산을 소유할 수 없는 노예의 상태에 있으므로, 그 상태에서는 시민사회의 일원으로 생각할 수 없다. 시민사회의 주된 목적은 재산의 보존이기 때문이다."

그리고 124절에서는 "인간이 공동체를 결성하고 스스로를 정부의 지배하에 두고자 하는 가장 크고 주된 목적은 그들의 재산을 보존하기 위함이다"라고 하셨네요.

|로크| 친절하시군요. 고맙습니다. 일단 그 주장들을 중심으로 내 입장을 말씀드리도록 하지요. 나의 그러한 주장들은 기본적으로 두 가지 포인트에 주목해서 이해해야 합니다. 하나는 그때 내가 말한 '재산property'이 요즘 그 단어가 의미하듯이 단순히 물질적·비물질적인 자산만을 가리키는 게 아니라는 점입니다. 내가 책에서도 분명히 밝혔듯이 그것은 한 개인의 자산뿐만 아니라 생명과 자유까지 포함하는 개념입니다. 그러니까 "정부의 주된 목적이 재산 보존이다"라고 했을 때 그 의미는 정부가 재산을 가진 개인들의 사유재산만을 지켜야 한다는 것이 아니라 유산자든 무산자든, 부자든 빈자든 구성원 모두의 생명과 자유와 자산을 보

호하기 위해 존재한다는 것입니다.

　마찬가지의 논리로, 85절에서 "능히 재산을 소유할 수 없는" 자란 자기 자신의 생명·자유·자산에 대한 지배권을 가질 수 없다는 점에서 자유롭지 못한 그야말로 노예를 뜻합니다. 다 아시다시피, 내가 살았던 시대에는 노예의 존재가 인정되고 있었고, 나 역시 그런 시대적 한계에서 완전히 벗어나지는 못했죠. 하지만 당시의 현실을 기준으로 보자면 내가 인정했던 노예의 범주는 상당히 엄격한 것이었음을 알아주시기 바랍니다. 나는 "정당한 전쟁에서 포로가 된 자들"에 한해서만 노예로 규정했거든요. 여하튼 『통치론』의 전반적인 맥락에서 노예가 시민사회의 일원으로 생각될 수 없는 것은 당연합니다. 시민사회는 개인의 자발적인 동의와 위임에 의해 성립되는 것이므로, 자율적인 판단과 결정을 내릴 수 없는 상태의 인간은 사회계약에 참여하는 것이 불가능하기 때문이지요. 따라서 그 구절을 내가 단순히 무산계급을 노예로 취급하여 시민사회의 일원으로 받아들이기를 거부했다는 식으로 읽는 것은 오독^{誤讀}이라고 생각합니다.

│사회자│ 예, 그 점은 충분히 납득이 됩니다.

│로크│ 내 주장을 이해하기 위한 두 번째 포인트는 그러한 주장이 나온 시대적, 역사적 맥락을 함께 고려해야 한다는 점입니다. 아까 읽어주신 124절의 언명으로 인해 흔히 내가 자본가의 재산 보호를 일차적 목표로 하는 국가 이론의 제창자로 지목된 것 같은데, 『통치론』에서 내가 소유의 자유를 권리로 옹호하기에 앞

서 소유의 대상이 되는 물질 세계가 신에 의해 인간에게 주어진 공유물이라는 점을 천명했다는 사실을 기억해주시기 바랍니다. 물론 그런 생각이 나의 독창적인 것은 아니었고, 성서에 기반해 있던 당시 학자들 상당수가 그런 생각을 공유하고 있었습니다. 그러나 당대 내가 논박의 대상으로 하고 있던 로버트 필머 경 등 왕당파 지지자들은 세계와 그에 대한 지배권이 하느님에 의해 아담 및 그 직계 자손에게 주어졌다는 논리로 왕권신수설을 정당화하고 있었답니다. 그러니까 재산 소유의 자유를 개인의 자연권으로 옹호했을 때, 나는 특정 계층만의 사유가 당연시되고 있던 현실을 비판하고자 했던 거지요. 내가 자신의 노동에 근거한 '사유화'의 정당화 논변을 이끌어내고, 그로부터 사유재산의 신성불가침을 주장하게 되었던 것은 17세기 영국 정치사회를 배경으로 해서였습니다. 즉 그것은 자신의 노동 없이 막대한 부를 소유하며 심지어 타인의 노동의 산물까지 자의적으로 강탈할 수 있었던 봉건 영주나 토지 귀족 세력에 대한 일반 시민들의 이해를 대변하기 위해서였지 노동 계급에 대한 자본가의 이해를 대변하려 한 것이 아니었다는 말씀입니다.

|사회자| 아, 로크 선생님. 약간 흥분하신 듯하네요. 목을 축이시면서 심기를 좀 가라앉히시는 게 좋겠습니다. 이왕 말씀을 시작하신 김에 한마디 더 여쭙겠습니다. 지금까지 하신 말씀은 충분히 알아들었습니다. 요컨대 선생님께서는 자본가들의 사유재산을 절대시하신 것도, 국가의 목적을 단순히 사유재산 보호로 규정하신 것도 아니라는 말씀이시지요. 그런데 그 점은 납득한다고

치더라도, 그와 같은 해명이 곧 선생님께서 "생산 과정과 시장에 대한 개인의 주체적이고 자유로운 참여"를 주장하신 것으로 연결되는 건 아니지 않습니까? 경제 분야에서 민주주의의 발전과 관련한 선생님의 생각을 다시 한 번 정리해주시기 바랍니다. 아까 선생님께서 민주화 이후 한국 민주주의가 좀더 발전적으로 확장될 필요가 있다는 지적을 하시면서 특히 경제적인 부분에서 자유민주주의의 실현이 더디게 진행되거나 때로 왜곡되는 경향을 보인다고 평가하시는 바람에 이야기가 이렇게 흘러왔지요. 선생님의 그런 평가는 선생님이 받아오신 오해들에 대한 설명을 듣고 난 지금도 여전히 새롭게 들립니다.

[로크] 나는 흔히 자유주의의 기원으로 알려져왔습니다. 물론 나는 '자유주의'라는 용어가 만들어지기 훨씬 전의 시대에 살았고, 나 스스로를 자유주의자라고 자처한 적은 없습니다. 그런데 내가 자유주의의 기원으로 평가된다는 건 나의 사상이 훗날 자유주의로 불리게 된 이념의 기본적인 문제의식과 특성을 잘 드러내었다는 뜻이겠지요. 나를 자유주의의 기원으로 꼽게 했던 사상의 핵심은 아마도 "타인의 허락을 구하거나 그의 의지에 구애받지 않고 자연법의 테두리 안에서 스스로 적당하다고 생각하는 바에 따라 자신의 행동을 규율하고 자신의 소유물과 인신을 처분할 수 있는 완전한 자유"를 자연권으로 선언했다는 것이리라 생각합니다. 그리 본다면 자유주의의 핵심은 아까 말씀드렸던 개인의 자율성, 자기소유권, 자기결정권에 있는 것이 되지요.

　따라서 나는 경제 영역에서 자유주의의 실현은 사유재산을 절대적으로 보호하느냐 또는 시장의 자율성을 전적으로 보장하느냐 그 자체에 있다고 보지 않습니다. 그보다 더 중요한 것은 그러한 결정이 개인들의 주체적 참여에 의한 것이냐 그리고 그 과정에서 개인들의 자유와 평등이 보장되었느냐 하는 점이라고 생각합니다. 재산을 가진 사람들의 사적 소유를 절대적으로 보장한다는 결정이 만일 전제적인 국가 권력에 의한 자의적이고 독단적인 것이라면, 그 결정의 내용만으로 그러한 경제체제를 자유주의적이라고 말할 수는 없다는 뜻입니다. 그런 점에서 오늘날 대한민국이 자유주의 시장경제를 목표로 한다고 할 때, 그 의미가 무엇인지 잘 헤아려볼 필요가 있다고 생각합니다.

|홉스| 로크 선생의 이야기는 잘 들었습니다. 하지만 오늘날 한국 현실의 문제점에 대해 나는 로크 선생과 생각이 다릅니다. 아까 로크 선생도 말했지만, 한국 사회의 구성원들이 자유롭고 평등한 개인으로서 자신들을 위해 통치를 담당할 대표를 스스로 선택할 수 있는 조건이 마련되었다는 점에서 민주화 자체를 높이 평가합니다. 하지만 민주화는 그 자체가 목적이 아닙니다. 민주화를 통해 구성원들 간에 안전과 평화가 더 잘 보장될 수 있어야 할 것입니다. 그런데 한국의 경우 어떻습니까? 이라크 파병, 방사능폐기물 처리장 건립, 주한미군 철수, 대북정책, 또 최근 FTA 협상에 이르기까지 지역별, 정파별, 이념별, 세대별로 사회 구성원들 사이에 격한 갈등이 전개되는 등 민주화 이후 삶의 질이나 사회적 안전 면에서 오히려 나빠졌다고 볼 수 있는 측면이 많습니다. 그러니 주권을 위임받은 대표의 강력한 리더십 아래……

[로크] 잠깐만요, 홉스 선생님. 말씀 도중에 죄송합니다. 선생님의 평가가 중대한 영향력을 미칠 수도 있기 때문에 이 대목에서 감히 한 말씀 여쭙겠습니다. 민주화 이후에 한국 사회가 다양한 갈등을 경험하고 있는 것은 사실이라고 생각합니다. 하지만 그것은 민주화 이후 정치적 행위 주체가 다양화되고, 그러한 행위 주체들이 자유롭게 자신의 가치관과 이해관계, 의견을 형성·표현할 수 있게 되었음을 반영한다는 점에서 무조건 위험시할 일만은 아니라고 봅니다.

[홉스] 로크 선생, 똑같은 질문을 반복하게 만드는군. 자네가 말하는 그 행위 주체의 다양화니 다양한 의견의 표출이니 하는 것이 도대체 왜 중요한가?

[로크] 무슨 뜻으로 하시는 말씀인지요?

[홉스] 그런 차이니 다양성이니 하는 것들이 그것 자체로 중요하거나 존중되어야 하는 것은 아니라는 이야기를 하고 싶은 거네. 차이도 다양성도 공동체의 안전과 평화라는 목적에 기여하는 한 의미가 있는 거지. 다양한 행위 주체들이 서로 다른 이익과 가치관을 마음껏 표명하게 하고, 그럼으로써 대립과 갈등이 격화되어 서로에게 위험한 존재가 될 뿐 아니라 전체 공동체를 위태롭게 한다면 차라리 그런 것은 애초부터 허용하지 않느니만 못하다고 보네.

|로크| 그리 말씀하시면 저는 이렇게 여쭐 수밖에 없습니다. 선생님께서 말씀하시는 그 공동체의 안전과 평화의 기준은 무엇입니까? 예를 들어 한국 사회에서 누군가는 이라크 파병이 공동체의 안전과 평화에 도움이 된다고 생각할 것이고 또 누군가는 파병을 하지 않는 것이 안전과 평화를 가져온다고 생각할 수 있습니다. 즉 무엇이 안전이고 평화인지에 대한 기준과 생각이 저마다 다르다는 말씀입니다. 그렇다면 선생님께서 주장하시는 대로 공동체의 안전과 평화가 중요한 가치라는 점에 동의한다고 하더라도, 민주주의 사회에서라면 그 내용이나 그것을 도모하기 위한 전략, 수단에 대해 토의와 합의가 있어야 하지 않겠습니까? 바로 그 때문에 차이의 인정과 다양성에 대한 존중이 필요하다는 것입니다.

|홉스| 로크 선생, 자네는 아무래도 『리바이어던』을 읽지 않은 듯하이. 읽지도 않고 나를 그리 홀대했던 것 같아, 허허.

|로크| 예? 그게 무슨 말씀이신지요?

|홉스| 『리바이어던』을 통해서 나는 안전과 평화의 기준을 명확히 제시했네. 모든 인간의 궁극적인 존재 목적이 되는 '자기 보호', 바로 그것에서부터 안전과 평화의 의미가 시작된다고 말이야. 인간이라면 누구나 자기 목숨과 자기 삶을 그야말로 목숨을 걸고 지키려 할 테지. 그 점은 자네도 부인하지 못할 걸세. 그렇지 않은가? 그리고 인간에게는 자기 목숨과 생활에 치명적인 위협

이 되는 것을 감지하고 판단할 수 있는 거의 본능적인 능력이 있다는 점도 인정하지 않을 수 없으리라 생각하고 있네. 물론 인간이 각자 느끼고 판별하는 공포나 위험의 내용 혹은 수준에 차이가 있다는 자네 지적에 동의하지. 그렇기 때문에 국가가 존재하기 이전의 상태는 "만인에 대한 만인의 투쟁 상태"가 되는 것 아니겠나? 서로가 서로에게 잠재적으로든 직접적으로든 언제나 위협의 대상으로 인식될 테니까. 하지만 그 결과 공동의 국가를 수립하기로 하고 그 국가에 저마다 자신에 대한 지배권을 양도하는 순간 이제 그 국가의 구성원들은 서로에 대한 공포와 불안에서 벗어나게 되지.

물론 그렇다고 해서 국가가 수립된 이후에는 인간의 본성이 홀연히 변화하여 타인에게 전혀 해를 끼치지 않게 된다는 의미는 아니네. 강도와 사기, 살인 등 인간의 생존을 위협하는 범죄가 국가 상태에서도 숱하게 일어나겠지. 그러나 이제 인간의 궁극적 존재 목적인 '자기 보호'는 저마다 개인이 판단하고 책임져야 하는 문제가 아니라 리바이어던으로서의 국가가 판단하고 책임져야 하는 것이 되었다는 점에서 차이가 있네. 그러니까 아까 자네의 질문으로 돌아가서 대답하자면, 개별 구성원들의 '자기 보호' 그리고 그것을 보장하기 위한 전제로서 공동체 전체의 안전과 평화가 무엇인지 혹은 어디까지인지, 그것을 어떻게 달성할 수 있는지 하는 문제는 주권자가 판단하고 결정할 사안이라는 것이 내 생각일세. 그런 만큼 그때의 주권자는 리바이어던으로서의 강력한 권한을 지니지 않을 수 없겠지.

|로크| 그렇다면 도대체 선생님께 민주주의는 무엇입니까? 아까 한국 사회가 민주화의 과제를 성공적으로 수행해낸 점에 대해 높이 평가한다고 말씀하셨던 걸로 기억합니다. 그로 미루어 보면 선생님께서 민주주의를 부정적으로 생각하고 계신 것 같지는 않은데요.

|홉스| 민주주의? 민주주의의 의미는 주권자를 자유롭고 평등한 사회 구성원들의 의사에 따라, 그들을 위해 봉사할 인물로 정한다는 데 있다고 보네. 국가의 최고 권력이 인민으로부터 나오고, 국가 권력은 인민을 위해 존재해야 한다는 점에서 민주주의의 원칙과 실천이 중요하다는 데는 이견이 없네. 하지만 그렇게 민주주의적인 방식으로 국가가 수립된 이후 민주주의의 진정한 구현을 위해서는 리바이어던의 강력한 통솔과 인민의 단합, 복종이 필요하지. 자네가 중요시하는 차이와 다양성은 리바이어던이 제대로 기능하는 데 오히려 방해가 될 뿐이라고 보네.

|사회자| 논의가 또다시 주최 측에서 준비한 다음 질문으로 자연스럽게 넘어가고 있습니다. 오늘 이 자리를 마련한 핵심 주제이기도 한데요. 21세기에 접어든 대한민국이 나아가야 할 올바른 방향과 바람직한 모델이 무엇인지에 대해 두 분 선생님의 견해를 들려주십사 하는 것입니다. 조금 전까지의 말씀에서 홉스 선생님의 생각은 이미 윤곽이 어느 정도 드러난 것으로 보입니다. 주권의 결집, 단일한 주권 행사가 중요하다고 생각하시는 것 같아요. 한국의 상황에 적용시켜 말하자면, 강력한 대통령의 영도하

에 잘 조직되고 질서 정연한 사회를 건설하는 방향으로 나아가야 한다는 말씀으로 이해됩니다. 제가 제대로 요약한 것 맞습니까, 홉스 선생님?

|홉스| 좀더 부연 설명을 해야 내 진의가 제대로 전달되겠지만, 뭐 전체적으로 봐서 딱히 틀린 요약은 아니라고 생각되는군요.

|사회자| 아, 예. 물론 부연해서 하실 말씀이 있으시겠지요. 그래도 홉스 선생님의 기본적인 생각은 어느 정도 감이 잡힌 상태이므로, 시간 관계상 일단 로크 선생님의 의견을 청해 듣도록 하겠습니다. 자, 로크 선생님?

|로크| 21세기에 접어든 한국 사회의 바람직한 발전 방향에 대해 저는 홉스 선생님과 생각을 조금 달리합니다. 저는 우선 개인주의가 좀더 성숙된 형태로 발전해야 한다고 봅니다. 다시 말해, 각자 개인들이 자기가 속해 있는 공동체의 정치, 경제, 사회, 문화 등 전반적인 분야에서 자율적이고 책임 있는 주체로 설 수 있어야 한다는 것입니다. 그런 개인들이 각자 권리와 의무의 담지자가 될 때, 자신들의 이해관계를 정확히 판단하고 표현할 뿐만 아니라 공동체 전체의 번영을 고려하여 타인의 이익도 배려하면서 조화를 추구하게 될 것입니다. 또한 각 개인이 자율적이고 합리적인 주체로서 존재한다면 그 자신의 대표를 선출하여 공동체를 위해 필요한 권리를 양도하는 문제뿐만 아니라 대표가 진정 공동체를 위해 활동하는지, 제대로 소임을 다하는지 등의 문제

에 대해 신중하게 판단하고 행동할 수 있을 것입니다.

|사회자| 하지만 로크 선생님, 일찍부터 개인주의가 발전한 서양의 여러 사회에서 볼 수 있었던 것처럼, 현실적으로 개인주의의 발전은 선생님이 말씀하시는 긍정적 측면보다 부정적 측면을 더 많이 초래하지 않을까요? 이를테면 지나친 자기 권리 주장과 그로 인한 소송만능주의라든지 이혼의 증가와 가정 붕괴 같은 문제들 말입니다. 서양 사회들이 공통적으로 앓고 있는 그런 병폐들을 지나친 개인주의화의 결과로 보는 지적이 있는 것으로 알고 있습니다. 그런 점에서 한국과 같이 공동체적 유대와 가족 관계를 중시하는 동양의 국가들에서는 개인주의에 대한 경계, 심지어 적대감까지 있습니다.

|로크| 물론 지금 말씀하신 그런 문제들이 개인주의와 전혀 무관하다고 볼 순 없겠지요. 개인주의화의 진행이 현실적으로 부정적인 모습을 드러내기도 했다는 점을 인정합니다. 하지만 분명한 사실은, 개인주의 없는 자유민주주의란 불가능하다는 점입니다. 스스로 '좋음'을 판단하고 자율적으로 그것을 추구하며 합리적으로 선택할 수 있는 개인이 전제되지 않고서는 자유민주주의란 성립할 수 없습니다. 자유민주주의는 자유롭고 평등한 개인들의 자발적인 동의와 위임에 의해 형성, 유지되는 것이니까요. 그러므로 자유민주주의를 목표로 하는 한 개인주의의 성숙은 필수적으로 따라야 한다고 생각합니다. 물론 자유민주주의의 개별적 주체로서 개인은 이성적이고 책임감 있는 존재입니다. 다시

말해, 타인의 이익이나 공동체 전체의 번영을 고려하지 않고 자신의 자유와 권리만을 추구하는 자는 자유민주주의적 개인이라고 볼 수 없지요. 아, 그러고 보니 로버트 필머 경이 생각납니다.

|사회자| 이 대목에서 갑자기 로버트 필머 경이라니요?

|로크| 필머 경이 불안해마지 않았던 '사회계약'이나 '인민주권' 사상은 '자유롭고 평등한 개인'의 발견과 깊은 연관을 맺고 있었습니다. 인민주권론을 논박하면서 전통적인 왕권신수설을 옹호하려 했던 필머 경으로서는 당연히 '자유롭고 평등한 개인'이라는 가정을 공격할 수밖에 없었지요. 그래서 그는 자유롭고 평등한 개인들의 사회란 각자가 자기 하고 싶은 대로 행동하고 기분 내키는 대로 사는 상태라고 주장하면서 그런 사회는 혼란과 무질서를 초래하여 모두가 공멸할 수밖에 없다는 논리로 나아갔습니다. 필머 경은 사회계약론과 인민주권론에 토대를 제공했던 '자유롭고 평등한 개인'이 이성적 존재라는 점을 간과했던 거지요. 이성적 존재로서 개인은 자연법이든 시민사회의 법이든 법의 구속을 받아들이며 그 테두리 안에서 스스로의 '좋음'을 추구하고 타인의 '좋음'과 조화를 꾀할 줄 안다는 것이 저와 제 동료들의 생각이었습니다. 성숙한 개인주의는 그러한 개인들을 전제로 하는 것이지요.

오늘날에도 마찬가지입니다. 개인주의의 발전이 역사적으로 부정적인 결과를 낳기도 했지만, 그것은 개인주의의 원래 취지가 아닙니다. 자신의 권리만 주장하고 타인과의 관계나 공동체

전체의 '좋음'을 고려하지 않는 개인이란 개인주의를 제대로 발현하는 존재가 아닌 것입니다. 따라서 현실적으로 드러나는 개인주의의 문제점을 교정하고 최소화하는 데 초점을 맞춰야지, 개인주의를 부정하는 것은 필머 경의 오류를 답습하는 것과 마찬가지라고 봅니다. 게다가 현재 한국의 현실은 개인주의의 과잉이 아니라 개인주의의 결핍에서 비롯되는 문제가 더 큰 것으로 보입니다.

|사회자| 예, 말씀 잘 알겠습니다. 그와 관련하여 더 여쭙고 싶은 것이 있지만, 시간이 한정되어 있으므로 넘어가겠습니다. 21세기 대한민국의 바람직한 발전 방향에 대해 다음으로 하실 말씀이 남으셨지요, 로크 선생님?

|로크| 그렇습니다. 기억해주셔서 고맙습니다. 개인주의의 성숙한 발전에 더하여 한국 사회에서 민주주의의 진전은 정당제 및 의회제의 발전과 맞물려 있다고 생각합니다. 개인들의 다양한 가치관이나 이해관계가 대표들의 협의체에서 조정, 합의되는 절차의 확립이 필요하다는 것이죠. 현대 민주주의 사회에서 대의제는 제대로 운영된다면 상당한 장점을 갖습니다. 공공정책 결정은 어차피 타협을 필요로 하기 때문이지요. 시민사회 수준에서 다양한 이해관계를 반영하는 다양한 의견들이 표출되고 또 토론을 거치는 것이 바람직하지만, 최종 결정이 이루어지는 과정에는 전문적인 심의와 그것을 바탕으로 한 조정, 그리고 공공의 이익을 고려한 합의가 필요합니다. 그런 점에서 대의제가 합리적

이고 유용하다고 봅니다.

따라서 나는 국민의 대표로서 대통령 또는 대통령을 수반으로 하는 행정부가 주도하는 사회보다는 대통령과 정당, 의회, 대법원, 시민단체 등 사회 내 여러 조직이 적절히 제 기능을 다하면서 서로 균형과 조화를 이루는 사회가 바람직하다고 생각해요. 그런데 현재 한국에서 가장 제 기능을 하지 못하고 있는 것이 정당과 의회인 것 같습니다. 특히 의회는 사회 구성원 모두에게 적용되는 공통의 법률을 제정하는 기관이라는 점에서 국가의 최고 권력을 담당한다고 볼 수 있죠. 국민들의 권리를 위임받아 법률을 제정하는 의회는 그저 대통령을 견제하는 권력 기관의 역할에 그쳐서는 안 됩니다. 불편부당한 법률을 제정해서 공동선을 확보하고 그에 따라 대통령이 국가를 운영할 수 있도록 지휘, 감독, 보조하는 임무를 다해야 합니다. 그러기 위해서는 현행 방식의 의회 구성이나 의회의 역할 규정, 내용 등에 대한 전면적인 재검토가 있어야 하지 않을까 싶습니다. 정당제 역시 제가 보기에 현재로는 개별 사회 구성원들의 다양한 이해관계나 이념적 성향을 적절히 대표하지 못하고 있습니다. 제도 자체의 문제점도 적지 않고요.

|홉스| 하지만 로크 선생, 정당의 민주화라든가 대통령·의회·사법부 간의 균형과 조화가 어디 말처럼 그리 쉬운가? 한국 사회가 최근에 경험한 바 있는 대통령 탄핵이나 행정수도 이전의 사안처럼 현재와 같은 체제하에서는 대통령과 의회, 사법부가 언제든지 첨예하게 대립할 수 있네. 그 결과는 사회적 혼란과 불

안, 민생고의 증대로 이어지지. 그건 국가의 존재 이유를 배신하는 것과도 같네. 국가는 공동체의 안전을 보장하고 개별 구성원들이 평화롭게 생존을 이어갈 수 있도록 하기 위해 존재하는데, 인민이 양도한 주권이 그렇듯 대통령과 의회, 사법부로 나뉘어 서로 충돌하고, 그로 인해 공동체의 안전과 개별 구성원들의 평화로운 생존이 위협받는다면 말이 되는가?

|사회자| 아, 홉스 선생님. 그렇지 않아도 이제 남은 시간은 선생님께 드리려고 했습니다. 21세기 한국의 바람직한 모델에 대한 선생님의 견해를 좀더 구체적으로 청해 들으면서 오늘 이 자리를 마무리해야 할 것 같습니다. 선생님, 말씀을 간략하게 정리해주실 수 있으시겠어요?

|홉스| 사회자께서는 아무래도 나보다 로크 선생을 더 친애하는 것 같습니다. 인물로 보나 풍채로 보나 로크 선생이 나보다 비호감일 것 같은데 말이지요, 허허.

|사회자| 홉스 선생님, 물론 농담이시겠죠? 그런데 농담을 아주 현대적으로 하시네요. '비호감'은 요즘 젊은이들 사이에 유행어인데 어떻게 알고 계셨나 봐요. 그렇다면 제가 마무리 멘트를 줄이더라도 선생님께 시간을 더 드리겠습니다. 그러면 마음이 좀 풀리시겠어요?

|홉스| 하긴 로크 선생에게 질문이 더 많다는 건 그만큼 관심이 많

다는 이야기도 되지만, 다른 한편 그만큼 논리에 허점이 많다는 뜻도 되는 거니까요, 하하!

|로크| 유구무언입니다.

|홉스| 로크 선생, 농담이니까 너무 언짢게 생각하지 말게나. 그럼 남은 시간 안에 내 생각을 정리해서 말해보도록 하겠습니다. 인민의 안전이라는 국가 수립 최고의 목적을 위해 주권자는 주권의 일부를 다른 사람 혹은 집단에 양도하거나 방기하지 않고 온전하게 지켜야 하며 인민 전원이 주권의 본질을 잘 이해할 수 있도록 교육해야 한다는 내 신념은 『리바이어던』을 저술할 당시나 지금이나 변함이 없습니다. 그 신념에 따르면, 한국이 지금과 같은 상태로 나아가서는 안 됩니다. 21세기에 대한민국이 국제 질서에 잘 대처하고 북한 문제는 물론 내부적으로 산적한 여러 문제들을 헤쳐나가기 위해서는 보다 강력한 리더십이 필요하다고 봅니다. 국민들의 자발적인 선택과 동의에 따라 확립된 주권자라면 그의 판단과 의지대로 권력을 행사하고 공동체를 이끌도록 맡겨야 할 것입니다.

물론 현대 사회에서 그 주권자는 대통령 1인일 수도 있고 어떤 협의체일 수도 있을 것입니다. 그러나 분명한 것은 통일된 리더십을 발휘해야 한다는 점입니다. 주권의 강력한 힘은 그 통일성과 철회 불가능성에서 나옵니다. 주권자의 자연적 수명이 다할 때까지, 즉 임기가 끝날 때까지 어떠한 구속이나 견제도 받지 않고 오직 인민의 안전이라는 목적에만 봉사하도록 절대적인 권한

행사를 보장한다면 한국 사회의 많은 문제들이 해결될 수 있으리라 생각합니다. 그럴 경우 의회나 사법부는 주권적 권력 기관이라기보다 주권자를 보필하고 자문하는 정도의 역할을 맡아야겠지요.

물론 스스로의 이해관계를 전혀 갖지 않고 공동선에 대한 보편적인 인식을 바탕으로 객관적이고 합리적인 판단과 결정을 매 사안마다 내릴 수 있는 주권자의 존재가 가능한가 하는 의문이 있을 줄 압니다. 그런 주권자가 어느 날 하늘에서 뚝 떨어지는 것은 아니겠지요. 국가의 궁극적 권력인 주권자의 존재 여부는 대한민국 국민 여러분의 역량에 달려 있다고 봅니다. 주권의 본질을 이해하고 리바이어던을 가능하게 하는 것은 여러분의 몫입니다. 그러니까 앞으로 한국 사회는 그 일에 좀더 매진해야 하지 않을까 생각합니다. 이 정도로 이야기를 마무리하지요.

|사회자| 감사합니다, 홉스 선생님. 역시나 350여 년 전에 선생님께서 내놓으신 리바이어던 구상에 입각하여 21세기 한국 사회에 대한 조언을 해주시는군요. 그사이 역사의 발전이나 현실적인 여러 변화들을 고려할 때, 그리고 물론 이론적·논리적인 측면에서도, 몇 가지 참기 어려운 질문들이 있지만 더 이상 시간을 낼 수가 없어 안타깝습니다. 다음 기회에 꼭 다시 한 번 자리를 마련하게 되면 좋겠습니다. 로크 선생님 역시 아직 더 하실 말씀이 남으셨으리라 짐작합니다. 다음에 자리가 마련되면 기꺼이 나와주시겠지요?

귀한 시간 내주신 두 분 선생님께 정말 감사합니다. 선생님들

과의 대화는 저뿐만 아니라 이곳 「지식인마을」을 방문한 모든 분들께 홉스와 로크의 정치사상을 제대로 이해할 수 있는 기회를 제공했다고 생각합니다. 두 분 선생님의 삶과 저작을 통해, 정치사상의 중요성은 그것이 보편적인 설득력을 획득했을 때 그에 맞게 현실을 바꾸기 위한 힘을 이끌어내기도 하고 또 이미 확립된 현실을 지속적으로 정당화하여 그것이 유지·재생산되도록 하는 역할도 한다는 데 있음을 깨달았습니다. 위대한 사상가들에 의한 '바람직한 정치질서'의 제안은 당대 현실에 대한 날카로운 비판이자 새로운 시대의 청사진이기도 했고, 정착된 현실을 추인하고 널리 설득하기 위한 밑거름이 되기도 했습니다.

　이런 말씀을 드리는 것은, 오늘 두 분 선생님께 청해 들은 '21세기 바람직한 대한민국의 모델'에 대한 견해를 우리가 어떻게 활용할 것인가 하는 문제의식과 관련이 있습니다. 우리는 두 분 선생님의 생각을 우리 현실에 대한 비판적인 상상력을 키우는 데 활용할 수도 있고, 현 체제를 정당화하는 근거로 삼을 수도 있으며, 자신이 구상 중인 미래의 대안을 상대방에게 설득하는 데 권위 있는 자료로 내밀 수도 있을 것입니다. 그러나 중요한 사실은 그것을 어떻게든 '우리'가 소화하고 활용해야 한다는 점입니다. 바람직하기로는 우리의 현실을 반영하며 그것과 상호작용하는 우리의 정치사상을 발전시키는 것이 제일이겠지요. 처음 말씀 중에 홉스 선생님께서도 잠시 언급하셨지만, 사실 두 분 선생님의 사상은 어쩔 수 없이 서구중심주의적 편향을 띠고 있습니다. 그 점에 대한 토론은 다음 기회에 진행해보기로 하죠. 하지만 한국의 현실에 홉스, 로크의 사상이 어떤 식으로든 깊숙이

침윤되어 있는 만큼 두 분 선생님의 사상을 우리가 비판적으로 성찰하고 발전적으로 계승하는 일은 상당히 중요하다고 생각합니다. 그런 점에서 오늘 두 분과 나눈 대화가 한국 민주주의의 발전, 21세기 대한민국의 바람직한 모델에 대해 진지한 생각과 열린 토론을 이어가는 계기가 되었으면 하는 마음 간절합니다.

끝까지 함께해주신 여러분, 고맙습니다. 이상으로 「홉스와 로크의 100분 토론」을 마치겠습니다.

Thomas Hobbes

Chapter **4**

😎 이슈
ISSUE

1987년 민주화 선언 이후 민주주의가 어느 정도 자리잡은 한국 사회에는
최근 들어 '자유주의' 바람이 강하게 불고 있다.
찬반 논쟁이 뜨거운 '신자유주의'도 그 맥락으로 이해할 수 있다.
그렇다면 자유주의란 도대체 무엇일까?
우리가 보고, 듣고, 경험하는 자유주의가 진짜 자유주의이기는 할까?

John Locke

자유주의가 뭐기에?

홉스, 로크의 정치사상과 자유주의

　자유주의가 유행이다. 최근에 언론의 주목을 받으며 등장한 바 있는 다수의 시민단체들이 '자유'나 '자유주의'를 어떤 식으로든 이름에 걸고 나오는 것만 봐도 알 수 있다. '자유주의연대', '자유지식인선언', '자유주의교육운동연합' 등이 그렇다. 각종 언론 매체나 기관들에서 '자유주의'를 주제로 한 토론회며 강연회를 주최하는 모습 역시 최근 몇 년 사이 심심찮게 볼 수 있는 풍경이다. 이러한 자유주의의 유행은, 한편으로 1987년의 민주화 이후 정부 구성이나 정치권력의 행사라는 측면에서 민주주의가 어느 정도 자리 잡은 만큼 이제는 사회·경제적으로 또 문화적으로 자유주의화가 필요하다는 현실적 요구를 반영한 현상일 수 있겠다. 다른 한편 1990년대 이래 한국 사회에 강하게 불어닥친 '신자유주의'의 바람도 자유주의의 유행에 한몫하는 것 같다. 신자유주의를 적극 지지하는 쪽도, 격렬하게 반대하는 쪽도

어쨌든 자유주의를 알아야 하기 때문일 것이다.

　그런데 도대체 자유주의가 무엇인가? 이 질문에 명쾌한 답을 찾기란 굉장히 힘들다. 자유주의자라고 스스로 자처하는 사람들의 이야기, 자유주의의 간판을 건 정당이나 단체의 강령 내지 정책 혹은 명망 있는 자유주의 연구자들의 저서에 한 번이라도 눈길을 주거나 귀 기울여 들어본 사람이라면 고개를 끄덕일 것이다. 자유주의가 뭔지를 알기란 대단히 어렵다는 사실을 말이다. 이런저런 좋은 말들이 자유주의의 이름 아래 대충 다 모여 있긴 한데, 정확하게 딱 꼬집어 한마디로 설명해놓은 경우란 흔치 않다. 심지어 도저히 어울릴 것 같지 않은 주장이나 집단들이 서로 자유주의를 내세우는 경우도 있다. 예를 들어 한편에서는 사유재산과 계약의 자유를 중시하고 시장의 자율성을 강조하며 '작은 정부'를 선호하는 입장이 자유주의라고 주장하는데, 다른 한편에서는 복지를 중시하고 시장의 횡포를 견제할 수 있는 '큰 정부'를 주장하는 세력이 자유주의의 대변자를 자처하기도 하는 것이다. 이런 상황을 한 저명한 자유주의 연구자는 다음과 같이 재치 있게 설명한 바 있다. "'자유주의가 무엇인가'라는 질문에 대답하기란 대략 난감이다. '자유주의'가 존재한다기보다는 자유주의 '들'이 존재하기 때문이다."

　자유주의가 됐든 사회주의나 보수주의가 됐든 어떤 사상 혹은 이념의 성격을 해명하려 할 때 흔히 사용되는 방법 중 하나가 그것의 기원을 찾아 보여주는 것이다. 한 이념·사상을 다른 이념·사상과 구별하는 특징은 대개 그 기원과 밀접한 관련이 있다. 어떤 이념·사상이라도 특정한 시점, 구체적인 역사적 맥락 속에서 형성되며, 특정한 정치·사회적 조건 혹은 문제 상황을 반영하고 또 그것에 대응하면서 발전하기 때문이다. 그런 만큼 한 이념·사상의 기원을 조명하는 작업은 그것의 기본적인 문제의식과 특성을 간명하고도 정확하게 이해하는 데 커다란 도움을 준다. 따라서 특정한 이념·사상을 소개하는 개설서들 가운데 상당수가 기원을 추적하여 그것의 역사적인 전개 과정을 보여주는 방식으로 소기의 목적을 달성하고자 한다.

자유주의를 소개하는 책들도 예외가 아닌데, 어렵고 복잡한 개념 정의를 시도하는 대신 자유주의의 기원을 설명하고, 그런 다음 그것이 어떻게 변화와 발전을 거듭했는지에 대해 서술하는 경우가 대부분이다. 그런데 이때 자유주의의 기원으로 가장 많이 언급되는 것이 홉스와 로크다. 홉스는 물론 로크 역시 스스로를 자유주의자라고 자처한 적이 결코 없다. 그들은 자유주의라는 용어가 사용되기 훨씬 전의 시대를 살았다. 자유주의라는 용어가 공식적으로 사용된 최초의 예는 1810년 절대주의에 맞서 저항했던 스페인 의회파가 자신들을 그렇게 규정했던 데서 찾을 수 있다. 그 후 그 용어는 영국으로 건너가서 좀더 널리 사용되는데, 1860년대 휘그당 내의 보다 급진적인 멤버들이 자신들의 당을 '자유당Liberal Party'이라고 부른 것이 그 계기가 되었다고 한다.

그렇다면 홉스나 로크가 자유주의의 기원으로 꼽힌다는 건 무슨 의미인가? 당연히 그건 홉스 또는 로크의 사상이 후대에 자유주의로 불리게 된 이념·사상의 독특한 성격을 확연히 잘 드러내고 있다는 뜻이다. 즉 앞에서 살펴본 국가와 개인에 관한 그들

특유의 생각이 자유주의로 불리는 사상의 형성, 발전에 초석이 되었다는 의미다. 그러므로 홉스와 로크의 정치사상이 어떤 점에서 어떻게 자유주의와 연결되는지 혹은 어긋났는지를 이해한다면, 오늘날 우리 주위에서 널리 유행하되 그 정체를 파악하기 쉽지 않은 자유주의가 무엇인지에 대해 어느 정도 감을 잡을 수 있을지 모른다.

자유주의를 다른 사상과 구별해주는 핵심적인 요소는, 그 명칭에서도 단적으로 드러나듯이, '자유'일 것이다. 그것도 국가나 민족, 가문이 아닌 '개인'의 자유 말이다. 자유민주주의가 역사의 대세로 굳어진 오늘날 개인의 '자유'는 천부인권으로 인정받는다. 아마도 "자유가 아니면 죽음을 달라"는 구호가 인간이 갖는 자유의 의미와 중요성을 상징적으로 잘 보여준다고 하겠다. 하지만 그 구호는 동시에 인간이 자유를 권리로서 확보하는 일의 어려움 혹은 위험을 절절히 드러내주기도 한다.

오늘날 당연한 듯 여겨지고 있는 '권리로서의 자유'의 역사는 사실 그리 오래되지 않았다. 자유가 인간의 보편적 속성이자 한 사회 내에서 보호해야 할 핵심 가치라고 인식하게 된 것은 근대 자유주의의 등장과 함께였다. 물론 근대 이전에도 자유라는 개념이 존재했던 것은 분명하지만, 그 의미는 상당히 달랐다. 예컨대 고대 그리스와 로마에서 '자유'는 노예의 존재와 밀접한 관련이 있었던 것으로 보인다. 즉 자유는 단순히 '노예가 아닌 상태'를 의미했으며, 그 자체가 인간의 본성이라거나 도덕적 가치를 담고 있는 것으로 여겨지지 않았다. 흔히 '자유민'으로 번역되는 라틴어 '리베르투스^{libertus}'는 'free man'이 아니라 'freed man',

곧 '해방된 노예'를 의미했다. 그들은 더 이상 노예는 아니지만 동시에 로마 시민과도 구별되는 또 하나의 계층을 형성했다. 여기서도 알 수 있듯이 '자유'라는 말은 '노예 상태로부터 풀려남'을 뜻했고, 따라서 노예와 견주었을 때 의미를 지니는 것이었다.

중세 유럽의 봉건적 질서에서도 '자유'는 일종의 '면제'를 함축했다. 다시 말해, 자유롭다는 것은 세금이나 통행료, 의무, 영주의 사법권 등에서 면제되었다는 의미였고, 이는 곧 배타적인 권리를 인정받고 있음을 뜻했다. 그렇게 면제받고 특권을 지닌 사람들은 고상한 자들과 명예로운 자들, 즉 귀족 대열에 속했다. 16세기 말에 이르기까지 '자유'는 귀족적 태생이나 양육, 고상함, 관대함, 대범함 등과 동의어였다.

이러한 맥락에서 본다면 모든 개인의 자유를 기본 가치로 천명하면서 등장한 자유주의의 호소력과 파급력을 쉽게 짐작할 수 있을 것이다. 가장 일반적으로 정의할 때, 자유주의는 "개인의 자유를 최고의 정치적 가치로 설정하며 어떤 제도나 정치적 실천의 평가 기준이 개인의 자유를 촉진·조장하는 데 성공적인가의 여부에 있다고 믿는 신념 체계"라고 할 수 있다. 이때 '자유'는 인간의 본성으로 간주된다. 물론 그것을 정당화하는 논거는 사상가들에 따라 다소 차이가 있다. 이를테면 자연상태나 창조주로서의 신을 가정함으로써 인간을 본성적으로 자유로운 존재로 규정하는 경우도 있고, 인간의 실천적 행위의 의미 해석과 관련해서 자유를 인간의 본성으로 선언하는 경우도 있다. 하지만 어떤 경우에라도 자유주의는 인간을 '자유로운' 존재로 선언하고 그에 따라 바람직한 정치사회의 조직 원리를 모색하거나 도덕적 지향점을 설정한다.

이렇듯 인간을 그 본성상 자유로운 존재로 간주하고, 모든 사회적 관계에서 추상된 자연상태의 개인을 가정했다는 점에서 홉스와 로크는 공히 자유주의 발전의 토대를 마련했다고 할 수 있다. 나아가 그처럼 자유롭고 평등한 개인들이 스스로의 안전과 이익을 보호하기 위해 자신의 동의에 따라 정치권력을 창출한다고 주장했다는 점에서 그들은 후대에 자유주의로 불리게 된 사상의 특징을 원형적으로 보여준다. 그러나 그들을 자유주의의 범주로 함께 묶을 수 있는 건 여기까지다. 계약의 결과를 리바이어던으로 연결 짓는 홉스의 결론은 자유주의의 원칙과 거리가 있기 때문이다. 즉 홉스는 자유주의적 전제들에서 출발했지만 자유주의적 결론으로 나아가지는 못했다. 개인의 자유가 최고의 정치적 가치로 설정되는 자유주의적 공동체에서는 각 개인이 자신과 관련된 사안들에서 동의와 결정권을 행사하고, 국가가 그 존재 목적을 제대로 수행하고 있는지 감시·감독할 수 있어야 한다. 따라서 공동체의 모든 질서와 법, 심지어 개인의 권리까지도 결정할 수 있는 절대적이고 무제한적인 권력을 리바이어던에게 부여한 홉스의 결론은 자유주의적이기보다 절대주의에 가깝다.

그렇다면 자유주의적 전제들을 사용하여 명백하게 자유주의적 결론에 도달한 로크야말로 명실상부한 자유주의의 기원으로 꼽을 만하다. 그런데 문제는, 이처럼 로크를 자유주의의 기원으로 꼽는 데 동의한다고 해서 곧장 자유주의의 정체가 명확해지는 것은 아니라는 점이다. 로크 이후 대표적인 자유주의 사상가로 일컬어지는 스미스, 페인[Thomas Paine, 1737~1809], 벤담[Jeremy Bentham,

1748~1832, 콩스탕H. Benjamin Constant, 1767~1830, 토크빌Alexis de Tocqueville, 1805~1859, 밀John Stuart Mill, 1806~1873, 홉하우스, 케인스, 하이에크, 노직, 롤스John Rawls, 1921~2002 사이에는 사실 공통점보다 차이점이 훨씬 커 보인다. 특히 국가에 대한 입장의 측면에서 보자면, 야경국가 대 복지국가라는 일견 양립하기 어려운 주장들이 자유주의의 이름으로 제시되고 있다. 로크가 자유주의의 기원이라고 해서 로크의 사상을 곧이곧대로 발전시킨 게 자유주의는 아닌 것이다.

스미스와 밀, 케인스와 하이에크, 노직과 롤스를 함께 자유주의자로 묶을 수 있게 하는 공통분모는 무엇일까? 그것은 바로 그들이 모두 '개인의 자유'를 보호하고 증진하는 데 이론적·실천적 관심의 최우선 순위를 두었다는 점이다. 그렇다면 그들의 주장이 그처럼 서로 엇갈리게 나타나는 이유는 뭘까? 그것은 자유주의가 일정한 진공상태에서 발전하는 것이 아니라 구체적 현실, 특정한 역사적 맥락 속에서 발전하기 때문이다. 다시 말하면, 로크 이래 자유주의 사상가들 각각이 처한 시대와 정치·사회적 조건의 차이가 '개인의 자유'를 보호하고 증진하기 위한 제안의 내용에서 차이를 보이게 했던 것이다.

예컨대 로크가 개인의 자유를 주장했을 때, 그는 종교적·정치적 절대주의와 봉건적 신분질서(즉 귀속적 신분제)에 맞서야 했다. 스미스가 자유방임적 자유주의를 주장함으로써 개인의 자유를 증진하고자 했을 때, 그가 대결한 것은 중상주의적 절대국가였다. 한편 밀과 홉하우스 등 이른바 근대 자유주의자들은 빈곤과 독점, '여론'이라는 이름의 '다수의 횡포'가 개인의 자유를 위협하는 중대한 적으로 등장한 시대에 자유주의를 발전시켰다. 19세기 중반 이후 국가는 절대주의에서 민주주의로 그 성격을 변화시키게 된 반면 자본주의는 스미스 시대의 낙관적 믿음과 달리 사회의 극단적 양극화라는 '시장의 횡포'를 초래하게 되자 자유주의자들은 이 새로이 등장한 개인의 자유에 대한 적에 맞설 병기로 국가를 활용하고자 했다. 고전 자유주의 시기보다 개인의 사회성이 강조되고

대처리즘

실업과 인플레로 고통을 겪던 1970년대 영국에 등장한 '철의 여인' 대처(Margaret H. Thatcher, 1925~)는 지금의 혼란이 케인스주의로 인해 발생했다고 여기고 시장과 자유를 옹호하는 하이에크식 해법으로 영국병을 치료하려 했다. 공공부문 차입 억제, 공공지출 삭감, 통화량 축소 등의 정책으로 인플레이션을 잡는 데 성공한다.

레이거노믹스

미국 경제가 당면한 경기침체 속에서 레이건 대통령이 시행한 경제정책. 세출 삭감, 소득세 감소, 기업에 대한 정부 규제 완화 등을 주요 골자로 하는 이 정책으로 경제 활성화를 꾀했다.

자유의 의미가 보다 적극적으로 해석되기 시작한 것도 이러한 맥락에서였다. 그리하여 '복지국가'가 자유주의의 이름으로 나타나게 되었다. 한편, 익히 알려져 있듯이 대처리즘·레이거노믹스로서의 신자유주의는 이른바 '복지국가의 실패'에 대한 영·미식 대안으로 출현했다.

요컨대, 언뜻 보기에 비일관적으로 여겨질 만큼 자유주의 사상이 내용적으로 풍부한 것은 자유주의가 발전해온 인류 역사의 굴곡과 다양한 길을 반영한다. 그러나 자유주의가 개인의 자유를 중시하고 그것의 보장에 최대의 역점을 두는 가치체계라는 점에서 다른 이념·사상과 구분된다는 점은 분명하다. 다만 개인의 자유라는 최대의 목적을 가장 잘 성취하기 위한 수단에 대해서는 시대에 따라 혹은 사상가별로 자유주의 내에서 상이한 입

장들이 경쟁해왔다. 그러므로 무엇이 자유주의이고 자유주의가 아닌가 하는 문제는 그것이 개인의 자유를 보호하고 증진하는 데 관심이 있는가 그렇지 않은가를 기준으로 판단해야 할 것이다. 예를 들어, 국가의 시장 개입 여부를 기준으로 자유주의와 비자유주의를 가르는 것은 적절하지 않다는 이야기다. 자유주의의 발전사를 볼 때, 이른바 '작은 정부 큰 시장', '큰 정부 작은 시장'은 역사적 맥락에 따라 혹은 개별 국가의 특수한 상황에 따라 자유주의적 목적들을 성취하기 위해 달리 선택할 수 있는 정책적 수단이었다. 일반적으로 그러한 정책적 수단의 선택은 개인의 자유를 위협하고 억압하는 주적主敵이 무엇인가에 의해 좌우된다.

자유주의에 대한 이상과 같은 이해를 한국의 상황에 적용해보면 어떤 함의를 이끌어낼 수 있을까? 아마도 한국에서 자유주의적 목적을 성취하는 적절하고도 바람직한 수단은 선험적으로 주어지는 것이 아니라 철저히 한국 현실에서 찾아야 한다는 것이 아닐까 싶다. 지금까지의 논의에 따르면, 국가의 시장 개입을 허용할 것이냐 혹은 시장에 대한 국가의 규제를 풀 것이냐, 사유재산의 절대성을 보장할 것이냐 혹은 분배정의를 실현할 것이냐 하는 정책 대안 가운데 어느 한쪽만이 한국에서 자유주의를 대변한다고 보기 어렵다. 누가 진정 자유주의 세력이고 어떤 주장이 자유주의적인 것으로 평가할 수 있는가는 우리 시대 한국의 현실적 문제와 밀접한 관계가 있다. 한국 사회에서 개인의 자유를 보장하고 실현하는 문제에 가장 큰 가치를 둔다면 개인의 자유에 대한 가장 큰 위협이 무엇인지, 우리 사회에서 저마다 개인이 자유를 누리는 데 가장 큰 억압으로 작용하는 것이 무엇인지에 대해 먼저 관심을 가져야 할 것이다. 한국에서 자유주의적이라고 부를 수 있는 세력이나 정책은, 서양에서 출현한 어느 특정한 주장, 특히 패권적인 주장을 그대로 따라 함으로써가 아니라, 우리 사회에서 개인의 자유를 가장 잘 보호하고 증진할 수 있는 대안을 제시할 때 비로소 가능하다.

그렇다면 이제 「지식인마을」 독자들이 판가름해보자. 현재에도 도처에서 넘쳐나는 그 많은 자유주의자들과 자유주의적 정책들 가운데 누가, 혹은 어느 것이 정녕 자유주의인가?

에필로그

Epilogue

지식인 지도

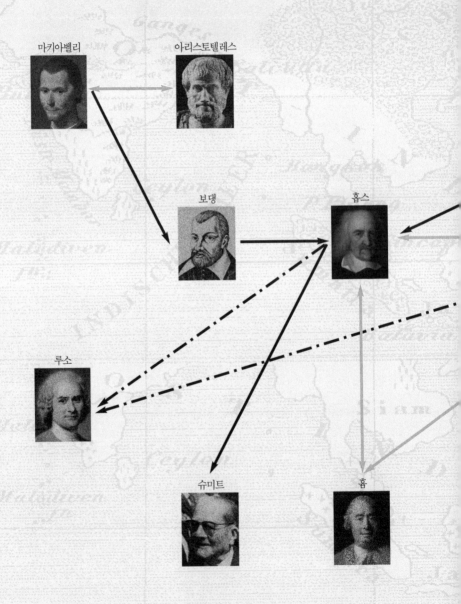

마키아벨리

아리스토텔레스

보댕

홉스

루소

슈미트

흄

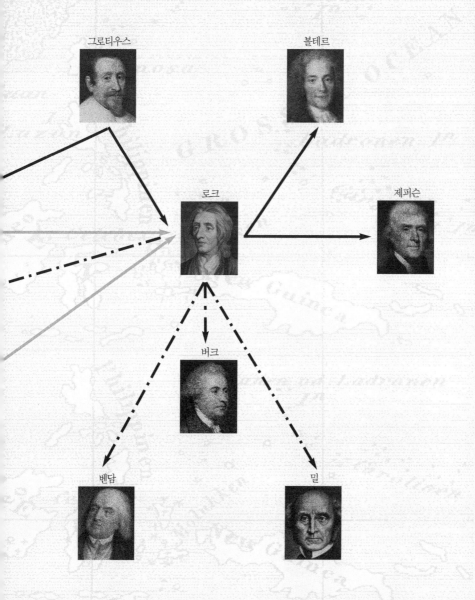

그로티우스

볼테르

로크

제퍼슨

버크

벤담

밀

지식인 연보

1647	『시민론』 2판 증보 발간
1650	『법의 원리』와 『인간의 본성』 출판
1651	『리바이어던』 런던에서 출판
	영국으로 돌아와 새로운 공화국 정부에 귀순
1655	『물체론』 출판
1658	『인간론』 출판
1660	왕정복고로 찰스 2세 즉위
1666	찰스 2세, 홉스의 정치적, 종교적 저작 출판 금지
1668	『비히모스』 완성, 그러나 출판하지 못함
1671	라틴어로 자서전 집필
1675	런던을 떠나 하드위크로 이주
1679	『비히모스』가 비밀리에 출판됨. 하드위크에서 사망

• 로크

1632	서머싯 주 링턴에서 출생
1642	영국 내전 발발
1647	웨스트민스터 학교 입학
1649	찰스 1세 처형, 크롬웰의 공화정권 수립
1652	옥스퍼드의 크라이스트 처치 칼리지에 입학
1655	학사학위 취득
1658	석사학위 취득
1660	로버트 보일을 만남. 왕정복고로 찰스 2세 즉위
	시민행정관에 대한 단편적 논문들을 집필
	옥스퍼드 대학에서 그리스어 강의
1662	옥스퍼드 대학에서 수사학 강의
1665	브란덴부르크 대사의 비서
1667	애슐리의 고문 의사이자 비서로 입주
166	왕립협회 회원으로 임명
	캐롤라이나 지주 및 귀족 연합의 비서로 임명

키워드 찾기

• **대의제**[a representative system] 흔히 인민들이 자신들의 대표를 뽑아 그들로 하여금 대신 통치하게 하는 체제를 일컫는다. 직접민주주의의 원형으로 꼽히는 고대 그리스 아테네와 달리 국가의 규모가 커지고 인구수가 엄청나게 늘어난 근대 사회에서는 직접민주주의가 현실적으로 더 이상 가능하지 않기 때문에 대의제를 채택하게 되었다고 보는 입장에서는 대의제를 민주주의의 한 형태로 정의한다. 하지만 대의제를 민주주의와 구별하는 사람들도 있는데, 크게 다음과 같은 두 가지 입장으로 나뉜다. 하나는 '인민에 의한 통치'라는 민주주의의 이상은 직접민주주의를 통해서만 실현될 수 있으며, 대의제는 엘리트주의를 바탕에 깔고 있는 일종의 과두정일 뿐만 아니라 인민의 정치 참여를 철저히 배제한다는 점에서 반(反)민주주의적이라고 보는 입장이다. 다른 한 입장은 대의제를 민주정보다 우월하고 바람직한 정부 형태로 본다.

• **리바이어던**[Leviathan] 홉스의 정치철학을 담고 있는 위대한 저작의 제목이자 그 저작 안에서는 "사회 구성원 모두를 두렵게 하는 공통의 힘"을 가리키는 표현으로 사용된다. 이 리바이어던은 본래 사회성을 타고나지 않은 개인들이 자연상태의 폭력과 죽음에의 공포를 피하기 위해 사회를 수립하기로 계약을 맺은 결과 등장하는 것으로 설명되는데, 결국 홉스는 리바이어던이라는 개념을 통해 그의 새로운 국가를 상징한다.

• **사회계약**[social contract] 자연상태의 평등하고 이성적인 개인들이 모여 정치사회를 형성하고 정치적 권위를 확립하기로 하는 계약을 일컫는다. 사회계약의 내용이나 목적은 홉스와 로크에게 있어 각각 달리 나타난다.

• **왕권신수설**[divine right of kings] 왕의 권한은 신이 부여한 것으로서 왕은 신에 대해서만 책임을 지며 인민은 신의 대리자인 왕에게 절대 복종해야 한다는 절대주의 국가의 이데올로기. 홉스와 로크의 정치철학은 영국에서 왕당파가 오랫동안 고수해온 이 입장을 비판하고, 국가의 기원과 정치권력의 정당성에 대한 새로운 이론을 제시하려는 데서 발전했다.

• **위임**mandate**과 신탁** trust 위임은 특정한 용무의 처리를 타인에게 맡기는 일 또는 그런 내용의 계약을 뜻하며, 신탁이란 위탁자가 특정의 권리를 수탁자에게 이전하거나 기타의 처분을 하고 수탁자로 하여금 수혜자의 이익 또는 특정한 목적을 위하여 그 권리를 관리·처분하게 하는 법률관계를 가리키는 용어다. 특히 이 두 용어는 로크에게 있어 정치권력의 발생을 설명하는 개념으로 사용된다.

• **인민주권론**theory of popular sovereignty 한 국가의 주권이 인민에게 있다고 보는 이론적 입장. 이때 인민은 이성적 능력을 지닌 자율적이고 평등한 개인들로서, 홉스에게 있어 인민주권은 리바이어던에게 양도되어 실현되는 것으로, 로크에게 있어서는 입법부에 위임되어 실현되는 것으로 설명된다.

• **입법권**legislative power 로크가 말하는 국가의 단일한 최고 권력. 사회계약에 참여한 개인들의 동의와 위임에 의해 생겨나는 것으로서 "공동체와 그 구성원들을 보존하기 위해서 국가의 힘을 어떻게 사용할 것인가를 지도할 수 있는 권리를 가진 권력"이다.

• **자연법**natural law 실정법에 대비되는 법 개념으로서 자연적 성질에 바탕을 둔 보편적이고 항구적인 법률 및 규범을 일컫는다. 홉스와 로크는 모두 자연상태의 개인이 누구나 이성에 의해 자연법을 인식할 수 있고, 그럼으로써 자연상태를 벗어나 평화와 안전, 재산의 향유를 보장하는 사회계약에 이를 수 있다고 본다.

• **자연상태** state of naure 자연권을 지닌 독립된 개인들이 각자 삶을 영위하는 사회 이전의 상태를 일컫는 개념. 홉스의 자연상태는 "만인의 만인에 대한 투쟁상태"로 특징지어지는 데 비해 로크의 자연상태는 재산과 권리의 향유가 다소 불안하다는 결함이 있긴 하나 전반적으로 자유롭고 평등하며 자연법의 지도하에 평화롭기까지 한 일종의 사회상태로서 그려진다.

• **저항권** right to resist 로크는 인민의 복지에 대한 국가의 침해가 발생한 후에는 물론 그러한 침해가 발생하려는 조짐이 보이기만 하더라도 인민은 자연상태에서 그들이 가졌던 원래의 자유를 회복하고 (그들이 적합하다고 생각하는 바에 따라) 새로운 입법부를 설립함으로써 그들 자신의 안전과 안보를 강구할 수 있는 권리를 가지게 된다고 주장했다. 이는 국가 권력의 자의적인 행사에 대한 인민의 저항을 '권리' 차원으로 끌어올려 정당화한 것으로서 로크 인민주권론의 백미를 이룬다.

• **절대주의** absolutism 근세 초 유럽에서 등장했던 전제적(專制的) 정치형태 및 그러한 체제를 지지하는 이념을 일컫는다. 대개 군주정의 형태를 띠었으므로 절대왕정이라고도 불린다. 절대주의(절대왕권)에서 '절대'라는 말은 국왕이 봉건

귀족이나 부르주아지 등 어느 누구에게도 제약을 받지 않는 절대적 권력을 가졌다는 의미를 함축한다. 홉스는 강력한 리바이어던을 지향함으로써 절대주의를 옹호했다면 로크는 절대주의를 공격하고 후대에 자유주의로 불리게 되는 사상의 토대를 제공하는 데 기여했다.

• **주권**sovereignty 홉스의 사회계약 결과 발생하는 국가 최고 권력을 일컫는 개념. 홉스는 때로 리바이어던을 주권(자)로 표현하기도 하고 또 국가를 그렇게 부르기도 한다. 그런데 로크의 입법권과 비교할 때, 홉스의 주권은 분리·분할될 수 없고, 양도도 불가능하며 몰수 또는 철회될 수도 없는 절대적인 것이라는 점에서 차이가 있다.

• **토리**Tory 원래 영국에서 '아일랜드의 강도들'을 일컫던 말이었으나, 배척 위기의 와중에 제임스를 왕위계승에서 배제하려는 배척파의 반대 세력을 지칭하는 용어로 사용되다가 점차 영국의 특정한 정파, 특히 보수적 정파를 가리키는 표현으로 굳어졌다.

• **휘그**Whig 원래는 '스코틀랜드의 맹약파 반란자들'을 일컫는 말이었다. 그러나 배척 위기의 와중에 궁정에 반대하고 비국교도에게 관용적인 정치가들을 가리키는 용어로 사용되기 시작했고, 점차 자유주의적 입장을 가진 영국의 정파를 지칭하는 표현으로 굳어졌다.

⁂

깊이 읽기

• 토머스 홉스, 『리바이어던』 - 나남, 2008

한국학술진흥재단 학술명저번역총서 중 한 권으로 새로운 번역서가 출간되었다. 그간의 번역본들이 안고 있던 정확성이나 가독성 문제 등이 상당 부분 개선되었다.

• 존 로크, 『통치에 관한 두 번째 논고: 시민 정부의 참된 기원과 범위, 목적에 관한 시론』 - 후마니타스, 2023

흔히 『통치론』으로 알려진 로크의 저작 『Two Treatises of Government』는 사실 시기를 달리하여 쓰인 두 개의 긴 논문으로 구성되어 있는데, 통상 「제1론 The First Treatise of Government」으로 불리는 첫 번째 논문에 로크 자신이 붙인 제목은 "로버트 필머 경 및 그 추종자들의 그릇된 원리와 근거가 발각되어 뒤집히다 The False Principles, and Foundation of Sir Robert Filmer, and His Followers, Are Detected and Overthrown" 이며, 「제2론 The Second Treatise of Government」은 "시민 정부의 참된 기원과 범위, 목적에 관한 시론 An Essay Concerning The True Original, Extent, and End of Civil Government" 이라는 제목으로 구분되어 있다. 「제1론」은 제목만 보아도 짐작할 수 있듯이 그 내용이 상당히 시의적인 것이어서 명예혁명이 성공한 이후에는 로크 당대에도 거의 읽히지 않았던 데 비해 「제2론」은 오늘날까지 중요한 정치사상 고전으로 전해지고 있다. 이 한글 번역서도 「제2론」만 옮긴 것인데, 기존 번역의 오류를 대폭 교정하고 원문의 이해를 돕는 역자 주를 다수 보완했다.

• 리처드 턱 외, 『홉스의 이해』 - 문학과지성사, 1993

홉스의 생애와 저작, 그의 사상에 대한 다양한 평가들을 접할 수 있는 홉스 입문서다. 턱(Richard Tuck)과 월린(Sheldon Wolin) 등 홉스 전문 학자들의 연구를 옮긴 것이기 때문에 일반 독자들에게 다소 난해하다는 단점이 있으나, 홉스의 핵심 사상과 주요 개념을 좀더 깊이 있게 알고자 한다면 도전해볼 만하다.

• 김용환, 『홉스의 사회·정치철학:『리바이어던』읽기』 – 철학과현실사, 1999

국내 홉스 연구자의 연구 성과라는 점에서 의의가 있다. 『리바이어던』의 1부 「인간론」과 2부 「국가론」의 원문을 발췌, 번역하고 주해를 덧붙였다.

• 어네스트 바커 외, 『로크의 이해』 – 문학과지성사, 1995

로크의 생애에서부터 그의 사상 전반, 그리고 사회계약론이나 소유권 이론, '정치' 개념 등 로크 연구의 중요한 몇 가지 주제들에 이르기까지 폭넓게 참조할 수 있는 개설서다. 로크의 중요성에도 불구하고 그의 정치사상에 대한 연구서가 국내에 거의 존재하지 않는다는 점에서 로크를 깊이 알고자 하는 독자들에게는 필수적이다.

• 송규범, 『존 로크의 정치사상』 – 아카넷, 2015

로크의 정치사상에 관해 국내 학자가 출간한 아마도 유일한 단행본 연구서일 것이다. 저자가 서양사 전공자인 까닭에, 로크 정치사상의 핵심을 이루는 개념 및 주제에 대한 연구 성과뿐만 아니라 로크의 사상이 형성된 역사적 맥락과 그의 저술에 영향을 미친 당대 중요한 정치적 쟁점들에 대한 분석·소개도 담고 있다는 장점이 있다.

• 폴 켈리, 『로크의 『통치론』 입문』 – 서광사, 2018

컨티뉴엄 출판사의 '리더스 가이드' 시리즈 중 한 권으로 출간된 저작으로, '입문서'임에도 깊이 있는 해석과 다양하고 유용한 정보를 담고 있다. 로크가 전개하는 논변의 흐름을 따라가면서 「제2론」의 주요 주제들을 골라 살펴보고 있어 원전의 정신과 맥락을 이해하는 데 크게 도움이 된다.

• 맥퍼슨, 『홉스와 로크의 사회철학: 소유적 개인주의의 정치이론』 – 박영사, 2002

홉스에서 로크에 이르는 근대 정치이론을 조명하면서 그 기본 바탕을 이루는 개인주의의 '소유적 성격'을 밝히고 그에 대해 문제제기한 책이다. 특히 이 책의 로크와 관련한 부분은 한때 (그러니까 '수정주의' 해석의 도전을 받기 전까지) 로크 소유권 이론에 대한 이른바 '정통' 해석으로 군림했으며, 우리나라에서는 최근까지도 맥퍼슨의 이 책에 의존하여 로크를 이해하는 경향이 있다. 그러나 서구 학계에서 맥퍼슨의 로크 해석은 발표된 후 얼마 지나지 않아서부터(맥퍼슨의 이 책은 1962년에 첫 출간되었다) 수정주의자들의 비판에 직면했는데, 예컨대 로크 당대의 사회·경제적 맥락을 지나치게 강조하면서 정작 17세기 영국 경제의 실상과 로크 저작에 나타난 정치경제를 잘못 이해했다거나 로크의 재산권 이론이 제시된 논쟁적·정치적 맥락을 간과함으로써 그의 사상의 요체를 오독했다는 등이 핵심 내용이다. 1970년대 들어 서구 학계에서는 수정주의적 해석이 널리 받아들여지고 맥퍼슨의 해석은 사실상 설득력을 잃은 것으로 평가받는다.

• 레오 스트라우스, 『정치철학이란 무엇인가』 - 아카넷, 2002
미국 정치철학계의 거장 스트라우스가 정치철학의 이념을 천착한 글들이 엮여 있다. 정치철학의 의미, 정치철학과 역사와의 관계에 대한 저자의 생각이 잘 드러나 있을 뿐 아니라 홉스 정치철학의 토대와 로크 자연법사상에 대한 독창적 해석도 보여주고 있어 정치철학의 맥락에서 홉스와 로크를 이해하는 데 도움이 된다.

• 박지향, 『영국사: 보수와 개혁의 드라마』 - 까치글방, 1997(2007)
영국의 역사를 주요 주제별로 정리하여 설명한 다음 연이어 로마 이전 시대부터 20세기 말까지 통시대적으로 재서술하여 보여줌으로써 영국사에 대한 이해를 확실히 높여준다. 발행 10주년을 기념하여 최근 개정 증보판이 나왔다.

• 이근식·황경식 편, 『자유주의의 원류: 18세기 이전의 자유주의』 - 철학과현실사, 2003
자유주의에 대한 정확한 이해가 평화와 번영, 상생의 근대 사회 건설에 도움이 되리라는 데 의견을 같이하는 국내 연구자들이 모여 그로티우스 이래 칸트까지 자유주의 사상의 핵심과 그 형성, 발전의 역사적 배경에 관해 밝혀놓았다. 홉스, 로크와 자유주의의 연관에 대해서도 연구되어 있다. 자유주의를 주제로 한 연구서가 매우 부족한 우리 현실에서 그 의미가 크다.

• 김균 외, 『자유주의 비판』 - 풀빛, 1996
자유주의에 대한 다양한 시각에서의 비판들을 제시하고 있다. 홉스, 로크를 읽고, 자유주의 사상의 형성과 발전에 대한 지식을 쌓은 상태에서 이 책을 읽는다면 자유주의에 대한 보다 균형 잡힌 시각을 갖추게 될 뿐만 아니라 홉스, 로크 사상의 보다 풍부한 함의를 발견할 수 있게 될 것이다.

Epilogue5

찾아보기

Thomas Hobbes
&
John Locke

인류의 지성사를 이끌어온
100인의 지식인 마을 주민들